Thomas Widmer

Zu Fuss
In 52 Wanderungen durchs Jahr

Echtzeit Verlag

Kürzlich hat mir ein befreundeter Pressefotograf erzählt, er sei für einen Monat in Alaska trecken gewesen und sei dabei einmal eine ganze Woche lang keinem Menschen begegnet, und das sei schon etwas ganz anderes als das Wandern in der Schweiz, wo man ja selbst im Hochgebirge nie für längere Zeit allein sei.

Recht hat er. Wandern in der Schweiz ist tatsächlich etwas ganz anderes als Trekking in Alaska. Wandern in der Schweiz ist: Berechnende Landschaftsfreude. Kalkulierte Einsamkeit. Wechselwirkung von Vorsatz und Spontaneität, lustvolles Planen anhand von Karten und Entdeckung des realen Terrains. Ein kreatives Kombinieren von Rastpunkten, Gastrogelegenheiten, Fahrplanrealitäten mit dem Ziel grösstmöglichen Genusses. Und nicht zuletzt aktivieren wir wandernd die Hinterlassenschaft unserer Vorfahren: alte Römerstrassen, mittelalterliche Handelsrouten, die Pässe der Walser; Wandern ist bei aller schwitzenden Gegenwärtigkeit auch Bewegung in der Vergangenheit.

Wandern in der Schweiz, mit anderen Worten, ist eine Kulturtechnik. Dies das Credo, aus dem heraus ich, schon immer ein leidenschaftlicher Wanderer, im September 2004 meine Wanderkolumne in der WELTWOCHE lancierte. Jede Woche bespreche ich seither eine Route, die ich zuvor selber gegangen bin.

Und die Wanderkolumne «Zu Fuss» hat nun zum gleichnamigen Buch geführt. Es basiert sozusagen auf dem Prinzip der saisongerechten Küche und serviert 52 Schweiz-Wanderungen durchs Jahr, von denen jede einigermassen zu der Woche passt, in der sie behandelt wird: Im Sommer geht es hoch hinaus, im Frühling und Spätherbst dominieren die mittleren Lagen, und im Winter nutzen wir die präparierten Pfade der Touristiker oder ziehen auch einmal mit den Schneeschuhen solitär unsere Spur. Den Rahmen bildet der öffentliche Verkehr, auf den alle Vorschläge zugeschnitten sind.

Für das Buch habe ich die 52 ausgewählten Kolumnen sanft überarbeitet, vor allem aber die Fakten überprüft: Gibt es die entsprechende Postautolinie noch, ist die erwähnte Wirtschaft immer noch am Dienstag geschlossen?

Da sich allerdings vieles schnell ändert, rege ich trotzdem an, mindestens bei den ambitionierteren Wandervorhaben vor dem Start zum Telefon zu greifen oder ins Internet zu gehen. Was die Zeitangaben betrifft: Sie sind für die gemütlich gehende Person gerechnet, Rasten sind inbegriffen.

Womit nur noch drei Dinge zu sagen sind:
– Erstens wünsche ich allen Leserinnen und Lesern viel Vergnügen beim Nachwandern.
– Zweitens freue ich mich über Zuschriften zum Buch auf widmerwandertweiter@yahoo.de.
– Und drittens möchte ich danken: WELTWOCHE-Chefredaktor Roger Köppel für seinen Goodwill gegenüber meiner Kolumne. Christian Seiler dafür, dass er sich 2004 vorbehaltlos für deren Realisierung eingesetzt hat. Der ganzen WELTWOCHE-Crew für Hilfe aller Art. Dem Kolumnenfotografen Raffael Waldner für seine tollen Bilder. Meinen Verlegern Wendelin Hess, Beat Müller und Markus Schneider für das Ergreifen der Initiative, die zu diesem Buch geführt hat. Edgar Haberthür für die präzise Korrektur. «swisstopo» für die Unterstützung mit Kartenmaterial. Den «Schweizer Wanderwegen» für ihre selbstlose Arbeit. Und all meinen Wanderfreundinnen und Wanderfreunden dafür, dass sie mich ins Gelände begleiten.

Thomas Widmer, Februar 2007

In 52 Wanderungen durchs Jahr

Texte auf den Seiten 21–83
Übersicht Schweiz auf der Seite 86, Karten auf den Seiten 85–143

Ein Wintermärchen

1
Von Lavin nach Scuol in 5 Stunden
Karte auf der Seite 88

Wenn der Zug bei Sagliains aus dem Vereinatunnel schiesst und wenn zwanzig Minuten zuvor in Klosters der Himmel noch total bedeckt war und wenn sich nun die Sonne an absolut blauem Himmel strahlend präsentiert, dann, ja dann müssen das die Leute, die in Zürich auf der WELTWOCHE-Redaktion schuften, sofort erfahren. Denn noch intensiver geniesst der Glückliche sein Glück, wenn er es den Unglücklichen schildern kann.

Und also Handy gezückt und eine ekstatische SMS aufgesetzt und umgehend abgeschickt. «Du bist zu beneiden», blitzreagiert meine Bürokollegin Nina nach vierzig Sekunden. Und ich dopple mit einer zweiten SMS nach. «Hier oben ist es so schön, dass ich mich fast selber beneide.»

Vereina sei Dank. Seit der Tunneleröffnung 1999 ist das Unterengadin für die östliche Hälfte der Schweiz zur Tagesausflugsregion geworden. Nur 2 Stunden 19 Minuten dauert heute die Fahrt von Zürich bis Lavin, eine Haltestelle nach Sagliains. Am Bahnhof Lavin beginnt meine Wanderung. Gut fünf Stunden laufe ich an einem «Sonnenhang der Extraklasse» (Winter-Wanderführer-Autor Emanuel Balsiger) meist geradeaus, manchmal aufwärts, selten abwärts und habe immer ein nächstes Dorf samt allerliebst schlankem Kirchturm vor Augen, das es zu erreichen gilt. Gerade von seiner Eintönigkeit lebt der gut unterhaltene, sauber beschilderte, das eine oder andere Nebensträsschen einbeziehende Weg; seine Monotonie spendet seelische Musse, die Herrlichkeit der Landschaft ausgiebig zu inhalieren. Die hohen Berge zur Rechten und der Inn, der tief unten in seinem Bett würdevoll mäandert: Bilder, die bleiben.

Via Guarda, wo ich etwas esse, und via den Weiler Boscha gelange ich nach Ardez. Passiere hernach bei Chanoua die Ruinen einer «fiskalischen Taverne», einer Kombination von Kneipe, Warenumladestation und Zolllokal aus der Karolingerzeit. Biege in weiter Linksschleife ins tobelartige Val Tasna, um nach dessen Überwindung Ftan zu erreichen. Bald danach beginnt der Abstieg zum Bahnhof

Scuol. Dort bin ich müde, doch fröhlich wie nie zuvor in der Woche. Dieser Winterweg schlägt garantiert jede schlechte Laune tot und hilft eventuell sogar bei kleinen Lebenskrisen.

Höhendifferenz: Bis Ftan 200 Meter aufwärts. Dann 350 Meter abwärts. Oder mit dem Bus nach Scuol.
Leichte Alternative: Mit der Bahn nach Scuol. Mit der Gondel gleich beim Bahnhof zum Motta Naluns (Restaurant La Motta). 45-Minuten-Spaziergang auf dem Panoramaweg nach Prui (Restaurant Prümaran Prui). Mit der Sesselbahn hinunter nach Ftan und mit dem Bus retour nach Scuol.
Essen: Wer in Scuol übernachtet, speise möglichst in der «Traube» oder im Hotel Engiadina. Reservieren!

2 Schnee und Schlurzifladen

Von Wildhaus hinauf ins Gamplüt und retour in 2 Stunden
Karte auf der Seite 90

Die Schnecke trägt auf dem Rücken ihr Haus, der Widmer seinen halben Hausrat. Ja, ich weiss, liebe Superprofioutdoorgurus, am Berg zählt jedes Gramm. Ist mir egal. Denn a) bin ich ziemlich fit, b) ist es mir gleich, ob ich eine halbe Stunde später ankomme, und c) mag ich das Gefühl, für jeden Fall gewappnet zu sein. Zu meinem Standard-Winterrucksackinhalt gehören ein Liter Mineralwasser, eine Packung Dörrbananen, eine Grosspackung Choc-Ovo-Miniriegel, drei, vier Zeitungen und Zeitschriften (für die Hinfahrt), ein Buch (nix Schlimmeres, als auf der Rückfahrt nichts zu lesen zu haben), Ersatzsocken, Ersatzschnürsenkel, eine 25 000er-Karte, eine 100 000er-Karte (um die umliegenden Berge identifizieren zu können), Dermaplast-Pflästerli, ein Taschenmesser mit Höhenmesser, ein Kompass, ein frisches T-Shirt, ein Faserpelz, Handschuhe, meine Sportsonnenbrille mit den scharfen Gläsern (ich bin brutal kurzsichtig), aufsteckbare Bremseisen für die Schuhe (für vereiste Steilstrassen), Wanderstöcke mit Schneetellern, eine warme Mütze, mein Handy, etwas Schnur, eine Tube Sonnencrème mit hohem Schutzfaktor, ein Fettstift für die Lippen, viel Traubenzucker und mein fetischartig gehegtes Moleskine-Notizbuch, in dem jede Wanderung in ihren charakteristischen Punkten festgehalten wird.

Natürlich auch die Wanderung ins Gamplüt, die Alp auf der besonnten Nordseite von Wildhaus. Der Winterwanderweg beginnt bei der Kirche oberhalb der Post Wildhaus und führt in 45 Minuten hinauf, wobei ich im zweiten Teil parallel zur Alternative für Faule – der Gondel – laufe. Oben esse ich auf der Beizenterrasse einen lecker mit schwarzem Birnenpüree gefüllten «Schlurzifladen» und flaniere dann auf dem sauber gepisteten Weg einige hundert Meter in den imposant vom Schafberg überragten stillen Felskessel. Später geht es ab der Beiz, diesmal via Steinrüti, wieder hinunter nach Wildhaus, wobei mir die vielen Bänkli ins Auge stechen; auf jedem einzelnen möchte ich stundenlang in der Sonne verweilen. Wenn ich noch einmal hierher komme und falls ich in Gesellschaft bin, nehme ich eine Flasche Weissen und Gläser und eine Baguette und aufgeschnittenen Trutenbraten mit, und wir zelebrieren im Angesicht der sieben Churfirsten Winterpicknick. Noch schwererer Rucksack hin oder her.

Hin und zurück: Wildhaus liegt an der Postautolinie von Nesslau-Neu St. Johann nach Buchs.
Höhendifferenz: Auf- und abwärts je 300 Meter.
Winterwanderbroschüre mit weiteren Routen: Wildhaus Tourismus, 071 999 27 27.

Begnadeter Sonnenhang

3
Von Waldegg aufs Niederhorn in 4 Stunden
Karte auf der Seite 91

Anlässlich der hier präsentierten Route von Waldegg aufs Niederhorn mögen einige Leser denken: Hat dieser Widmer an Winterwanderungen eigentlich nichts anderes zu bieten als immer neue Südhangwege? Nein, nein, liebe Leute, so ist das grundsätzlich nicht. Ich kenne und propagiere durchaus auch die anderen Winterpfade, die an Nordhängen verlaufen oder im Talboden. Schattenpfade, auf denen man, daunenvermummt an vereisten Wasserfällen und gefrorenen Tannen vorbeiziehend, Reise in die Unterwelt spielt.

Hat auch seinen Reiz. Bloss, seit Wochen will ich nur eines: mehr Licht, und habe mich deshalb nach dem Panoramaweg Lavin – Scuol und nach dem Gang von Wildhaus ins Gamplüt zum dritten Mal innerhalb eines Monats an eine klassische Sonnenhangwanderung gemacht. Ich brauche meine Lux, sonst packt mich der Januarkoller, so simpel ist das. An Hängen, die sich in ihrer ganzen Flächigkeit der Sonne hingeben, kriege ich meine Dosis. Die Flanke des Niederhorns (1950 Meter) auf der Nordseite des Thunersees garantiert zusätzlich eine einmalige Aussicht auf die Berner Oberländer Gipfel bis weit ins wilde Ogistan. Allerdings ist die Durchsteigung in einem sauber ein Tobel und eine schroffe Fluh umrundenden Rechtsbogen bei einer Höhendifferenz von gut 700 Metern für eine Schneetour recht anstrengend.

Bei der Haltestelle Waldegg Post der Buslinie von Interlaken West nach Beatenberg Station startet man. Leider ist der Anfang des (an sich tadellos gespurten) Winterwanderwegs, der auch ein Schlittelweg ist, nicht wirklich klar. So funktioniert es: Beim Kiosk hält man aufwärts zur nahen Talstation des Skilifts Hohwald. Dort schwenkt man beim grossen Parkplatz rechts in den Wald und ist alle Scoutingsorgen los. Via Hohwald Bergstation steigt man kontinuierlich bis Chüematte. Jetzt läuft man für einige Zeit – bei wunderbarem Ausblick – geradeaus Richtung Unterburg, wo der Weg wieder steigt. Imposant ist auf den letzten 200 Metern der jähe Tiefblick ins Justistal. Dann ist man oben, kehrt im Berghaus Niederhorn ein und gleitet hernach per Gondel sanft hinunter nach Beatenberg Station. Mit durchglühtem Kopf fährt man heim. Wahrlich, dieser Hang ist mit der Sonne begnadet.

Erleichterung: Die umgekehrte Richtung ist weniger anstrengend (2½ Stunden). Auf dem Niederhorn kann man auch einen Schlitten für die Abfahrt mieten.
Winterwanderbroschüre: Tourist-Center Beatenberg, 033 841 18 18.

4 Schön kaltes Urnerland

Von den Eggbergen nach Biel in 3½ Stunden
Karte auf der Seite 90

Endlich. Ich habe die Schneeschuhe eingeweiht, die ich Ende November kaufte, im Schrank verstaute und, als lange kaum Schnee fiel, vergass. Sie haben sich bei ihrem ersten Einsatz bewährt, und doch grundsatzfrage ich mich im Nachhinein, ob ich nicht besser jenes dem Quadratformat zustrebende Modell erworben hätte, das passgenau auf einen Rucksack fixierbar ist. Meine Schneeschuhe sind unpraktisch lang und schmal. Und sie wirken, weil gelbschwarz koloriert à la Wespe, im nichtalpinen Kontext – im Züri-Tram etwa – absurd dramatisch.

Die Eggberge ob Flüelen, mit einem 1000 Meter aufschiessenden Seilbähnchen erschlossen, waren mein Ausgangspunkt. Im Sommer marschiert man von hier parallel zum Schächental in sieben Stunden bis zur Klausenpasshöhe – Panoramaweg vom Feinsten. Im Winter ist immerhin das erste Drittel machbar mit dem Clou, dass man gleich zwei Bahnen zur Verfügung hat, um niederzufahren; nach zweieinhalb Stunden Laufzeit gondelt man ab Ruogig, nach dreieinhalb Stunden ab Biel hinunter nach Brügg bei Bürglen. Allerdings gilt es, eine lawinenbedingte Komplikation zu beachten: Während der Schneeschuhtrail von den Eggbergen bis zum Fleschseeli fast immer offen ist, bleibt der Winterwanderweg zum selben Ziel manchmal gesperrt (drei Stunden muss man bei beiden Varianten für hin und retour rechnen). Vom Fleschseeli kann man nur mit Schneeschuhen weiter bis zu den erwähnten Seilbahnstationen, doch mag auch dieser Abschnitt unter Umständen gesperrt sein. Telefon 041 870 15 49 (Luftseilbahn Eggberge) gibt in saftigem Urnerisch Auskunft.

An meinem Tag sind alle Pfade offen. Im «Seeblick» auf den Eggbergen trinke ich einen Kaffee und erhasche tief unten, wie's der Name der Beiz verspricht, einen Streifen Urnersee. Dann laufe ich auf dem gut signalisierten Winterwanderweg durch ein Schattental samt Wald hinauf zum Fleschseeli. Dort schnalle ich die Schneeschuhe an. Und quere nun in weitem Radius, einem Grizzly unter Valium gleich trancehaft vorwärts tapsend, einen Sonnenkessel. In der Biel-Wirtschaft kehre ich zum Abschluss wieder ein. Zuvor blicke ich aber noch einmal zurück auf meine Spuren im Schnee. Bigfoot was here!

Hin und zurück: Ab Flüelen SBB per Bus bis Eggberge Talstation. Ab Brügg per Bus nach Flüelen SBB. Höhendifferenz: 400 Meter auf-, 200 abwärts. Information: www.eggberge.ch

5 Hausgeschnetzeltes mit Morcheln

Von Wald ZH auf die Alp Scheidegg und retour in 3½ Stunden
Karte auf der Seite 91

Links der Töss steht zwischen Wald und Gibswil der Bachtel. Auf der rechten Seite steht ihm, nur unwesentlich höher, die Scheidegg gegenüber. Als mir der Wirt der «Alp Scheidegg» zu Mittag sein Hausgeschnetzeltes mit Morcheln serviert, erzählt er mir so nebenbei, am Morgen habe die vier Kilometer entfernte Bachtelspitze knapp aus dem Nebel gelugt, und der Nebel sei glatt gewesen wie ein Teppich, auf dem er gern hinüber zum Bachtel spaziert wäre; überhaupt seien hier oben alle Wetterstimmungen intensiv. Glaube ich ihm – während ich esse, bewundere ich das Alpenpanorama von Pilatus bis Glärnisch in flagrantem Barbie-Pink.

Zwei Stunden zuvor bin ich unterhalb der Höhenklinik Wald bei der Haltestelle Abzweigung Oberholz aus dem Bus gestiegen. Eine schöne Winterlandschaft präsentiert sich mir, hie und da ein Weiler, immer wieder mal ein Bauernhaus, ich bewandere sie auf schmalem Strässchen. Im Oberholz trinke ich in der rührend schlichten Stube des Restaurants Kantonsgrenze einen Tee und bewundere danach das gedrungene Baukörperlein der Kapelle vis-à-vis, deren Turmaufbau samt Zwiebel schindelverkleidet ist. Dann laufe ich via Fälmis – ab hier kräftig aufwärts – zur Wolfsgrueb. Sie wäre ein guter Ausgangspunkt für einen stillen kleinen Schneeschuhtrip der Vorderen Töss entlang zur Tössscheidi. Ich allerdings nehme das Strässchen links hinauf zur Scheidegg, das im Winter auch als Schlittelweg herhält.

Nach dem Essen in der grossen Gipfelwirtschaft auf 1200 Metern, Zürichs höchstgelegener Gastwirtschaft, steige ich wieder zur Wolfsgrueb ab; ich habe meine Schneeschuhe nicht dabei und bin allein, so kommt eine Tour querwaldein hinunter nach Fischenthal nicht in Frage; ohnehin wäre so ein Unterfangen nicht angebracht, da man das heimische Wild nicht erschrecken will. An der Strasse Richtung Wald stosse ich bald auf ein unglaubliches Haus. Rigoros antirechtwinklig, aus unverputztem Tortenbeton, gegen oben an Umfang zunehmend und mit Schiessschartenfenstern bestückt, sieht es aus, als sei es von der Addams

Family bei einem anthroposophischen Architekten in Auftrag gegeben worden, der während des Planzeichnens aus einer LSD-Bowle nippte. Der Name des Weilers, in dem das Haus steht, passt: «Oh».

Anreise: Pro Stunde ein Bus vom Bahnhof Wald Richtung Höhenklinik. Höhendifferenz: 350 Meter auf-, 600 abwärts. Ruhetage: «Kantonsgrenze» und «Alp Scheidegg» beide Montag und Dienstag geschlossen.

Über der Waldemme

6

Von Flühli zum «Stäldeli» hinauf und retour in 3 Stunden

Karte auf der Seite 92

Die Verheissung rustikaler Speisen motiviert mich jederzeit zu einer mehrstündigen Wanderung. Ebensolche Speisen verspricht die Wirtschaft Stäldeli ob Flühli; der geschnauzte Wirt ist für seine Bernerplatte bekannt, für seinen Spatz, für Gamspfeffer und für einen wirklich sauren Sauren Mocken. Exakt den nehme ich bei meiner Einkehr. Und zwar mit Kartoffelstock, Rotkraut und Dörrbohnen – fein!

Flühli, Kanton Luzern, nicht zu verwechseln mit Flüeli-Ranft im Kanton Obwalden, ist der Minikurort im Tal der Waldemme, den man auf dem Weg nach Sörenberg meist achtlos durchquert. Imposant auf der Postautofahrt von Schüpfheim im Entlebuch her ist die langgezogene Kette wilder Fluhzacken zur Linken; das sieht so aus, als blecke ein Raubtier sein Gebiss. Hinter dem Ausläufer der letzten Fluh, der Schwändiliflue, liegt das «Stäldeli». Um dieses zu erreichen, eine Art Basislager für Wanderer, die von ihm aus sommers wunderbare Ausflugsberge wie Fürstein oder Schafmatt anstreben, muss man eine weit ausholende Rechtsschleife laufen.

Zuerst gilt es aber das richtige Strässchen zu finden. Man steigt dazu bei der zweiten Haltestelle nach Flühli Post («Hüttlenen») aus, läuft auf der linken Strassenseite vorwärts, missachtet die beiden ersten Abzweiger zu einer Kneippanlage und zum «Chessiloch» und biegt erst nach zirka 200 Metern links ein: «Stäldeli» steht unübersehbar auf einem grossen Schild. Per sofort sind alle Wegsuchprobleme gelöst. Auf dem verschneiten und deshalb wenig benutzten Alpsträsschen geht es 450 Meter in die Höhe; solange es nicht apert, ist dieses Strässchen auch eine wunderbare Schlittelstrecke (im Zweifelsfall erkundige man sich im «Ständeli», ob es lohnt, den Schlitten mitzunehmen). In der Sattelschlucht dreht die Strasse nach gut einer Stunde um 90 Grad; nun hält man in genauer Nordrichtung auf die Beiz zu. Sobald der Wald zurückbleibt, ist die Sicht grandios: Berge rundum.

Eine tolle Winterwanderung. Wirklich fitte Schneeschuhwanderer steigen übrigens vom «Ständeli» zum nahen Sattelpass 200 Meter höher auf und auf der anderen Seite ab nach Giswil. Was mich betrifft, nehme ich wieder das Strässchen, auf dem ich gekommen bin. Kein Problem; auf dieser Route kann ich, gerade weil ich sie schon kenne, in aller Ruhe verdauen.

Wirtschaft Ständeli: Bei schlechtem Wetter montags geschlossen. 041 488 11 92.

7 Ausserrhoder Molasseherrlichkeit

Von Gais auf den Gäbris und retour in 3 Stunden
Karte auf der Seite 93

Hochalp, Hundwilerhöhe und Gäbris bilden Ausserrhodens voralpine Dreifaltigkeit. Alle diese Hügelberge weisen dieselbe molassene Nichtschroffheit auf, die sie zum Ausflugsziel für die ganze Familie qualifiziert, sind mit sympathischen Wirtshäusern bestückt und bieten ein fantastisches Panorama.

Den Gäbris habe ich schon auf allen möglichen Wegen bestiegen, von Trogen via Hohe Buche, von Bühler über eine schöne Krete, von Gais her in der klassischen Direktroute. Einmal war ich mit dem – mittlerweile verstorbenen – Labradorhund meiner in der Nähe wohnenden Schwester unterwegs und schon fast oben. Als wir nah der Wissegg ein Wäldchen querten, fiel in einiger Entfernung ein Schuss (so klang es jedenfalls). Der Labrador warf sich daraufhin in höchster Angst zu Boden und mochte nicht mehr aufstehen; ich musste das heftig zitternde Tier, dem der Muskeltonus total abhanden gekommen war, heimtragen.

Hier die Gäbris-im-Winter-Gebrauchsanweisung: Liegt in der Gegend nicht mehr allzu viel Schnee und hat man gute Schuhe, schafft man es auf allen Wegen hinauf. Vermutlich. Auf der sicheren Seite ist man dieser Tage, wenn man den Winterwanderweg wählt, das Strässchen, das in der kalten Jahreszeit vereist ist und darum nur spärlich befahren wird (am Wochenende herrscht ohnehin Fahrverbot). Wir beginnen am Bahnhof Gais, laufen zum Dorfplatz, wählen dort, statt weiter der Hauptstrasse zu folgen, die im spitzen Winkel abzweigende Nebenstrasse durchs hintere Dorf und folgen ihr, bis nach zirka zwanzig Minuten die Klinik erreicht ist, in der Herzpatienten wieder fit gemacht werden. Ab hier ist alles Ruhe und Romantik. In der langen Rinne zwischen Sommersberg und Gäbrisflanke gewinnen wir Höhe, wobei wir diverse malerische «Hemetli» passieren. Beim Weiler Schwäbrig vollziehen wir einen 180-Grad-Schwenk und erreichen bald auf breitem Höhenrücken via «Unterer Gäbris» (Bauernwirtschaft) den «Oberen Gäbris» auf 1251 Metern.

In der Beiz gibt's Währschaftes und Appenzeller Klassiker wie etwa «Südworscht». Und die Aussicht übers kleingekammerte Appenzellerland ist bombastisch. Der Gäbris gehört ins Portfolio jedes ernsthaften Wanderers.

Hin und zurück: Bahnlinie St. Gallen – Gais.
Höhendifferenz: Auf- und abwärts je zirka 300 Meter.
Ruhetage: «Oberer Gäbris» Mittwoch, «Unterer Gäbris» Dienstag.

Ein Wirt mit Schwein

8

Von Langwies via Sapün zum «Heimeli» und retour in 3½ Stunden
Karte auf der Seite 92

In ein einsames Hochtal aufsteigen, urig einkehren, mit dem Schlitten zu Tal fegen: dies das ebenso simple wie freudvolle Programm der Wanderung von Langwies via Sapün zum Berggasthaus Heimeli. Unsere Begleiterin ist die Geschichte: Wir wandern auf den Spuren der Walser, die aus dem mittelalterlichen Goms (Wallis) emigrierten und auch im Raum Arosa als Kolonisten aktiv wurden. In Langwies weihten sie 1385 ihre Kirche. Im Sapüner Tal errichteten sie ebenfalls ihre Siedlungen; es sind, passend zum Lebensgefühl dieser gschaffigen Frühindividualisten alemannischer Abkunft, Streusiedlungen. Die Walser wollten frei sein, der Handel mit den adligen und klösterlichen

Grundherren war stets derselbe: Für die harte Erschliessung unwirtlich scheinender Böden erhielten sie viel Selbstbestimmung.

Vom Bahnhof Langwies an der Strecke Chur – Arosa laufen wir hinauf ins Dorf, in dessen Kirche Wandbilder aus dem 15. Jahrhundert Christi Passion zeigen. Es folgt ein krudes Intermezzo: 300 Meter auf der Durchgangsstrasse bis zur Brücke am Ortsende. Dort ist die Abzweigung nach links Richtung Sapün nicht zu übersehen, dessen Name sich übrigens vom lateinischen «symphonium» gleich «Kuhglocke» herleitet. Ab diesem Punkt wandert man immer der Nase lang nach Osten auf einem schmalen Strässchen, das winters jeden Tag zur begehbaren Piste gewalzt wird. Imposant vor allem der erste Teil durchs wilde, steile, eiszapfenbestückte Tobel.

Wer sich angesichts der kleinen, sonnengeschwärzten Häuserballung von Sapün Dörfji freut, am Ziel zu sein, frohlockt allerdings zu früh. Noch dauert es 30 Minuten und ist ein steiler Schlussstutz zu bewältigen, bis das «Heimeli» erobert ist. Umso grösser die Einkehrwonne auf 1831 Metern; in der Wirtschaftsstube aus dunklem Holz gibt es alles Rustikale (mein Braten war erstklassig) und dazu auch Verfeinertes wie ein Bündnerfleischcarpaccio. Schaut man aus dem Fenster, sieht man eventuell das charismatische Wollschwein wohlig ums Haus grunzen. Der unrasierte Wirt wiederum, dem die Haare über die Augen hängen, duzt seine Gäste und wirkt im grobkarierten Holzfällerhemd wie Kurt Cobains alpiner Bruder. Was für den ganzen Ausflug gilt, gilt aber auch für ihn: Sehr nett ist er.

Höhendifferenz: Auf- und abwärts je 550 Meter.
«Heimeli»: 365 Tage offen. Zimmer und Massenlager.
Gratis Schlitten. www.heimeli.com

9 Berner Eisfischer

Von Kandersteg zum Oeschinensee und retour in 2 Stunden
Karte auf der Seite 93

Zwei Welten auf einem Ausflug gibt's oberhalb von Kandersteg. Die eine Welt ist freundlich lichtdurchflutet. Und die andere ist verschattet und bitterkalt: Sieht man auf dem gefrorenen Oeschinensee die Eisfischer auf ihren

Klappstühlen, so wähnt man sich in Sibirien. Eine Kühltruhentemperatur herrscht in dem Bergkessel, minus 13 Grad waren's bei unserem Besuch am Mittag.

Die Expedition ist Stunden zuvor angelaufen. Ich und mein Gspänli Michi, er von Basel her kommend, ich aus Zürich, schwärmen auf der Fahrt ins Berner Oberland: exzellente Zugsverbindung! Von unsern beiden Städten aus ist Kandersteg in schlanken 2 Stunden 6 Minuten erreichbar. Am Rand des Dorfes angekommen, wo Ogi wuchs, halten wir ins Zentrum, queren es und sind nach 20 Minuten bei der «Nostalgie-Sesselbahn» mit ihren Quersitzen. 500 Meter höher erwartet uns ein sympathisch simples Skigebietlein. Im «Bergstübli» trinken wir Kaffee, dann streben wir auf perfekt gespurtem Breitbandweg dem See 100 Meter tiefer zu. Einsam liegt er in seinem Loch, zwei Frauen laufen mit einem Schlitten über die Fläche, weit hinten zieht ein Langläufer seine Bahn, wie angefroren verharren die Fischer. Eine Eissäule von fünf Metern Höhe über dem Nordufer, gewachsen aus Rieselwasser, lockt uns; wir gehen näher, steigen die paar Meter zu ihr auf, stehen unter überhängendem Fels; hier hat es keinen Schnee, dafür Gras, saftlos wie Matratzenrosshaar. Das wäre ein Happening: hier Würste braten.

Wobei – fürs Essen ist da ja das Hotel Oeschinensee. Das unscheinbare Gebäude erweist sich inwendig als Bijou: Ein Schwedenofen ist befeuert, der Service unter Obhut der Familie Wandfluh (hübsch assortierter Name, Kompliment!) lieb, das Essen sehr gut. Am Schluss verlassen wir den Platz, der doch winters so unwirtlich scheint, ungern. Muss aber sein. Im «Bergstübli» oben wärmen wir uns in der Sonne auf – und separieren uns: Michi bolzt mit dem Schlitten, den er hier mietet, zu Tale. Ich nehme wieder die «Nostalgie-Sesselbahn» und denke, dass ich den Namen nicht mag. Eine Einrichtung, von der buchstäblich das eigene Leben abhängt, sollte nicht so ältlich heissen, das macht ein bammeliges Gefühl. Aber okay, ich hab's glücklich überstanden. Und 2008 soll es eine neue Bahn geben.

«Oeschinensee»: Im Winter kein Hotelbetrieb, Restaurant immer geöffnet. Der See ist bis mindestens Ende März zugefroren.

10 Dem Rotten entlang

Von Oberwald durchs Goms nach Niederwald in 5 Stunden
Karte auf der Seite 94

Als ich morgens um halb neun in Oberwald losgehe, zeigt das Thermometer meines Taschenmessers minus neun Grad an, und ich frage mich, ob ich nicht besser im gemütlichen Hotel Ahorni ein wenig länger geschlafen und meine Wanderung ein bisschen später angetreten hätte.

Tatsächlich werde ich meiner Existenz erst so richtig froh, als ich nach Ulrichen exakt um 9 Uhr 41 in die Sonne komme und das Schlottern im Biswind ein Ende hat. Den Rest des Tages zeigt sich das Goms, wie der östliche Teil des Kantons Wallis heisst, von seiner charmanten Seite: ein weites Trogtal, auf beiden Seiten von hohen Bergen flankiert und von der Rhone dekorativ durchflossen, die hier «Rotten» genannt wird und Eisschollen mit sich trägt. Eine Welt der verhutzelten, vom Alter geschwärzten Häuschen und Speicher. Ein Langlaufparadies, weil der Talboden so schön eben ist. Ein Winterwanderparadies aus demselben Grund.

Die perfekt gefräste, ab Bahnhof Oberwald mit violetten Wegweisern und Stangen bestens markierte Route nach Niederwald ist 21 Kilometer lang. Doch keine Angst – wenn ich eben von einem «Winterwanderparadies» sprach, so meinte ich auch, dass man die Wanderung in jedem der Dörfer zwischen Ausgangs- und Endpunkt abbrechen kann und in diesem Fall jede Stunde einen Zug der Matterhorn-Gotthard-Bahn hat, der einen nach Hause oder retour ins Hotel führt. Auch viel Verpflegung muss man nicht mitschleppen; es gibt genug Beizen dem Trail entlang, die einen verköstigen.

Ich selber ziehe meinen Plan, die ganze Strecke zu laufen, tapfer durch, denn schliesslich will ich der zuverlässige Späher meiner Leserinnen und Leser sein. Als ich in Niederwald ankomme, einem besonders urchig-verschachtelten Dorf, in dem nebenbei gesagt 1850 Cäsar Ritz geboren wurde, der spätere Hotelkönig, da bin ich ermattet – ich ignoriere den «Ritz-Brunnen» und gehe schnurstracks essen. Winterwandern ist auch in der schönsten Spur anstrengender als Sommerwandern, weil der Schuh bei jedem Schritt leicht einsinkt.

In der Wirtschaft wehre ich mich bei einem Glas Fendant gegen den Schlaf, zweimal sackt mein müdes Haupt fast in die Käseschnitte. Winterwandern im Goms macht zufrieden, doch auch halb tot.

Höhendifferenz: 100 Meter abwärts, kleine Gegensteigungen.
Broschüre: Bei Goms Tourismus, 027 970 10 70, gibt's einen Loipenplan mit der Wanderroute.
Tipp für Passivwanderer: Ab Bahnhof Oberwald via Dorf in zwanzig Minuten zur Sesselbahn Hungerberg. Bei der Bergstation Wirtschaft mit Sonnenterrasse und grossartigem Blick ins Goms.

Hasenmatt und Igel

11

Vom Weissenstein via Hasenmatt nach Gänsbrunnen in 4 Stunden
Karte auf der Seite 96

Beim Wandern lernt man Leute kennen. Der Sportstyp um die 45 mit den Krücken, der mir im Zug von Solothurn nach Oberdorf gegenübersitzt, erzählt, er sei letzten Herbst beim Klettern im Glarnerland fünf Meter aus einer Wand gestürzt und habe sich das Sprunggelenk gebrochen. Die Verletzung heile schleppend. Weil ihn aber die Sehnsucht nach den Bergen plage, fahre er nun auf den Weissenstein und wolle sich zum Grenchenberg durchschlagen.

Wahnsinn! Mit Krücken will der zehn Kilometer durch den Schnee, denke ich schaudernd, während mich die Sesselbahn auf den Weissenstein trägt. Oben zeigt sich, dass der Kranke schneller ist als der Gesunde. Wo ich auch hinkomme, ist der Mann schon da: Er lacht mir vor dem Hinteren Weissenstein von einer Bank entgegen, als ich, in der Wintersonne schwitzend, auf dem Strässchen anrücke. Beinelt später weit vor mir hinauf zur Hasenmatt. Sitzt dann im «Althüsli» bereits über der Rösti, als ich eintrete – der muss alle Abkürzungen kennen und jede Loipe missbraucht haben, denke ich, das ist ja wie im Märchen vom Hasen und vom Igel.

Item. Der Weissenstein, 1284 Meter, ist ein Panoramapunkt, vor dem Kurhaus erläutert ein Alpenzeiger die Gipfel. Von hier kommt man in einer Stunde auf dem – oft vereisten – Strässchen nach Hinter-Weissenstein (wieder eine Beiz) und retour. Wer nicht zurückwill, nehme folgende Sicherheitsbelehrung zur Kenntnis: Ja, man kann im Winter manche Sommerroute wagen. Aber nur bei wenig

Schnee und guter Sicht und mit passender Ausrüstung (wozu die 25 000er-Landeskarte gehört). Und tauchen irgendwo Schwierigkeiten auf, darf man nichts erzwingen.

An meinem Tag bilden die Stapfen vieler Vorgänger einen Trampelpfad von Hinter-Weissenstein hinauf zur Hasenmatt; in anderthalb Stunden erreiche ich problemlos, einmal in einer Zwischenfalte, dann wieder auf der Krete, diesen noch viel schöneren Aussichtspunkt auf 1445 Metern. Ohne Schneeschuhe, wohlgemerkt. Im nahen «Althüsli» esse ich. Hernach geht es – auch dies riskiere man wirklich nur bei günstigen Verhältnissen – via den wilden Chessel 700 Meter hinunter nach Gänsbrunnen. Dort trinke ich im «St. Joseph» zufrieden einen Kaffee Schnaps. Alles toll. Nur: Wo ist der Krückenmann geblieben?

Heimreise: Gänsbrunnen liegt an der Bahnlinie Moutier – Oberdorf – Solothurn.

12 Chatzenstrick gegen Kater

Von Einsiedeln auf den Chatzenstrick und hinab nach Biberbrugg in 2½ Stunden

Karte auf der Seite 97

Wenn es unten am Zürichsee gräuelet, ist es oben in Einsiedeln oft sonnig; die Laune des Zugspassagiers erhellt sich dann mit jedem der 475 Höhenmeter, die die Südostbahn ab Wädenswil meistert; spätestens in Schindellegi lächelt die Seele. Für die Leute aus Zürich hat das Tal der Alp zudem den Vorteil der Nähe; sie können auch erst mittags zur nachfolgenden Wanderung aufbrechen, die für sie deshalb ein idealer Sonntagnachmittags- und Hangover-Bekämpfungs-Spaziergang ist.

Eine simple Sache. Am Bahnhof Einsiedeln nimmt man den Sommerwanderweg zum Chatzenstrick; den direkten, nicht die Variante via Chrüzweid – Hundwileren. Auf schnurgeradem Strässchen flaniert man in Westrichtung aus dem Ort und leicht aufwärts zur Albegg. Dort beginnt das einzige ein wenig anstrengende Teilstück: auf dem meist vereisten Strässchen steil hinauf zum Chatzenstrick, wobei rechter Hand die neue Sprungschanze so geschwungen im Hang steht wie ein hochhackiger Damenschuh. Oben bietet das Restaurant Katzenstrick auf seiner Sonnenterrasse eine splendide Sicht auf die Schwyzer und

Glarner Alpen und hinunter auf den Klosterort. Kindern erzähle man dessen Gründerlegende: Das Kloster entstand am Ort, wo der heilige Meinrad im Wald gesiedelt hatte. Der Klausner wurde 861 von zwei Vagabunden erschlagen, die es auf die Schätze seines Schreins abgesehen hatten, doch entkamen die Mörder dem Gesetz nicht; zwei Raben, Zeugen der Bluttat, folgten ihnen zurück in die Zivilisation und machten krächzend und flügelschlagend so lange Radau, bis sie verhaftet waren. Deshalb die zwei Raben auf dem Einsiedler Wappen.

Und weiter. Auf dem Chatzenstrick – über den die Luzerner früher nach Einsiedeln pilgerten, weswegen man sie «Katzenstrecker» hiess – hat man Optionen. Immer offen ist das Strässchen hinab in die Ebene von Rothenthurm zur Bahnstation Dritte Altmatt (40 Minuten). Schneeschuhläufer bleiben auf dem Höhenzug und halten links auf den Aussichtspunkt Chrüzweid zu. Ich selber bog rechts ab und erreichte bei wenig Schnee in den Stapfen meiner Vorgänger via Bennau problemlos Biberbrugg (50 Minuten). Einzige Gefahr: Der Parkplatz des Restaurants Forchetta unweit vom Bahnhof, wo ich eine vorzügliche Lasagne ass, war spiegelglatt wie ein Eishockeyfeld.

Höhendifferenz: Auf- und abwärts je zirka 200 Meter.
«Katzenstrick»: Dienstag Ruhetag.

Der höchste Winterwanderweg

13

Hockenhorngrat-Panoramastrecke in 1 Stunde. Von Stafel nach Kippel in 3 Stunden
Karte auf der Seite 97

Als ich seinerzeit von den Plänen hörte, den Hockenhorngrat als Wintersportgebiet zu erschliessen, kündigte ich für diesen Fall einen lebenslänglichen Boykott an. Alle Umweltschützer liefen Sturm gegen das Projekt. Hat nichts genützt, mittlerweile fahren die Gondeln schon in der vierten Saison hinauf auf 3111 Meter. Und seit Monaten gelüstet es mich, vielleicht doch auch eventuell mal … – na ja, das Fleisch ist schwach, eines schönen Mittwochs nehme ich von Wiler im Lötschental die Grossraumseilbahn auf die Lauchernalp, absolviere dann unter lauter Skifahrern zwei Anschluss-Sessellifte, betrete endlich auf Gandegg die neue Anlage: Speditiv schwebe ich über den Milibachgletscher hoch zum Grat exakt auf der Grenze Wallis/Bern. Grossartig. Eine in den Schnee gewalzte Plattform mit Zaun erlaubt den Blick hinunter ins Gasterental, zur Blüemlisalp, auf den Kanderfirn. Hier oben ist zudem – mit diesem Asset jonglieren die Touristiker – Europas höchster Winterwanderweg eingerichtet; leicht abwärts führt er in zwanzig Minuten zu einer zweiten Plattform, auf der eine Infotafel die Gipfel erläutert. Darunter sind, wiederum laut den Touristikern, vierzig Viertausender. So ein Panorama angemessen zu würdigen, würde diese Kolumne sprengen; lassen wir's bei zwei Bemerkungen: Erstens wirkt das Zinalrothorn aus diesem Winkel viel spektakulärer als das Matterhorn. Und zweitens sind beide aus sprachlicher Sicht Verlierer vor dem Berg mit dem Supernamen Älwe Rigg.

Retour zur Gondel. Banal-Sound kontaminiert in ihr die Bergfreude – sozusagen akustischer Feinstaub, den die lokale Schlagerkraft Salome verbreitet mit ihrem Lied: «Ich gumpu embrüf und ich gumpu embri» («Ich hüpfe auf und nieder»). Nach dem ersten Sessellift dann entscheide ich, nun noch richtig zu wandern – Fahrtunterbruch in Stafel. Ich wähle den perfekt gepfadeten Weg nach Kippel. Es werden 700 herrliche Abwärtsmeter an einem Sonnenhang der Klasse extra dry, den geschwärzte Holzhütten bestücken, wie man sie von Postkarten aus der Gegend kennt. Unten schliesslich strecke ich das Wohlgefühl mit einem Walliserteller in meiner Lötschentaler Lieblingsbeiz, dem «Bietschhorn», einem von Altfreaks liebe- und niveauvoll geführten Hotel, wo ich schon oft einkehrte. Über dem Trockenfleisch bin ich mir vollends sicher, dass es sich gelohnt hat, den Boykott aufzuheben.

Hin und zurück: Lötschental-Buslinie ab Bahnhof Goppenstein. «Bietschhorn»: www.hotel-bietschhorn.ch

14 Die Residenz des Generals

Von Lutry dem Genfersee entlang nach Lausanne in 1½ Stunden
Karte auf der Seite 98

Fünf Eisenbahnminuten reichen, mich aus Lausannes grauem Häusergemenge in eine Landschaft der Weite zu katapultieren. Genau das ist der Plan meiner Wanderung dem Genfersee entlang: offenen Raum atmen. In Lutry

Bahnhof, dem Ausgangspunkt, finde ich mich umgeben von den Reben des Lavaux, eines der grossen Waadtländer Weinbaugebiete; aus dieser Gegend stammen Epesses und Saint-Saphorin. Zum Örtchen gehört eine gepflegte Hafenpromenade; wer tafeln will, bevor er sich in Gang setzt, dem empfehle ich aus guter Erfahrung das Restaurant des Hotels Le Rivage; von der erhöhten Terrasse aus blickt man, wenn man nicht den fischbestückten Teller vor sich fixiert, directement über den Léman auf die Berge Savoyens – c'est formidable!

Nach ausgiebigem Genuss Lutrys, das übrigens auch über ganz reizende Hintergassen verfügt, begibt man sich auf den Seeuferweg Richtung Lausanne. Eine unanstrengende Nettwanderung ist das, in deren Verlauf unzählige Sitzbänke, Bootsstege, Kiesbüchtlein zum Verweilen, Picknicken, Baden laden – oder auch, wenn man trockenes Brot dabei hat, zum Entenfüttern. Nach 60 Minuten Gehzeit dann kommt Lausanne in Sicht. Die Quais des vorgelagerten Ouchy haben, verglichen mit denen Zürichs, die links der Seespitze von der nahen Durchgangsstrasse terrorisiert werden, rechts aber im Haschischnebel und Spassgesellschaftsabfall verkommen – die 1901 vollendeten Quais von Ouchy haben Grandeur. Notabene liegt an ihnen auch das Olympische Museum, das einen Besuch lohnen soll (ich konnte mich dazu nicht entschliessen, weil das Wetter einfach zu schön war, doch mein Kollege Robi war kürzlich mit den Kindern dort und fand es super).

Am Eingang Ouchys ist mir noch etwas anderes ins Auge gesprungen: das mit einem Schild markierte Anwesen «Verte Rive». Hier lebte von 1902 bis zu seinem Tod 1960 mit seiner Familie unser Nationalmythos, Weltkriegsgeneral Henri Guisan. Seine Villa, die heute ein Zentrum für Militärgeschichte beherbergt, ist klein und fein. Und die Grünfläche, die vor ihr sanft zum See abfällt, ist unverbaut; auch kein Baum schränkt die Sicht ein. Der General hatte wirklich den totalen Seeblick.

Restaurant Le Rivage: 021 796 72 72. Mehr Weg: Die Strecke ist Teil des 32 Kilometer langen Lavaux-Seeweges von Lausanne Ouchy bis zum Schloss Chillon. Infos unter www.lavaux.ch

15 Unterwegs mit einer Romanfigur

Von Baden nach Endingen in 3 Stunden
Karte auf der Seite 99

Janki Meijer aus Endingen macht sich an diesem für ihn besonderen Tag des Jahres 1871 schon vor sechs Uhr auf, Punkt neun will er in Baden sein Modehaus nach Pariser Façon eröffnen. Die coupierte, stille Route übers Hörndli schlägt er ein, denn er möchte in Ruhe fantasieren, wie die Kundschaft gleich seinen Laden stürmen wird. Es kommt aber im Kleinen und im Grossen anders: Der Schulmeister begegnet ihm und zerschwafelt ihm den Morgen. Und seine Konkurrenten platzieren gegen den neuen Laden einen verleumderischen Artikel im TAGBLATT, so dass keiner dort kaufen will. Mit Janki Meijer kann man das machen, er hat seine Schwachseite: Er ist Jude.

Wir reden natürlich von Charles Lewinskys Roman «Melnitz». 2006 erschienen, wurde das Buch, das in lebendiger Sprache die Meijersche Familienhistorie über Generationen ausbreitet, von der Kritik als «jüdischer Schweizerspiegel» gefeiert. Auch mich hat die Geschichte gefesselt. Und nach der Lektüre ging ich – in umgekehrter Richtung, von Baden aus – Janki Meijers Weg.

Ab der Terrasse vor dem Bahnhof Baden ist die Wanderroute nach Endingen ausgeschildert. Sie führt hinunter zur Limmat, dann am Gegenhang aufwärts durch die Reben. In Hertenstein kann man im gleichnamigen Restaurant Badens eindrückliche Klemmlage inmitten von Hügeln bestaunen. Danach geht es aufs Hörndli-Plateau, dessen höchsten Punkt (624 Meter) eine Riesenantenne markiert. Und es geht, durch Wald, wieder hinab nach Endingen.

Kein Wunder, hat Lewinsky seine fiktive Mischpoche in dem Ort angesiedelt, in dem eine Synagoge steht. Endingen und das benachbarte Lengnau waren jene zwei Gemeinden, die den Schweizer Juden 1776 zugewiesen wurden; nur hier durften sie fortan wohnen, durften nachts nicht aus dem Dorf, durften weder bauern noch ein Handwerk ergreifen. Und bei allen Schikanen waren sie nicht sicher: 1802 überfielen Leute aus der Gegend die Juden, die als Anhänger der verhassten neuen, napoleonischen Ordnung samt «Kanton Baden» galten, drangsalierten sie, plünderten

– das Kleinpogrom «Zwetschgenkrieg». Hat man Lewinsky gelesen, blickt man mit anderen Augen auf unsere «christliche» Normalität.

Heimreise: Bus nach Baden. Höhendifferenz: Auf- und abwärts je 300 Meter. «Hertenstein»: Ruhetage Sonntag und Montag.

Emil und die Knastfrau

16

Von Aadorf nach Turbenthal in 3½ Stunden
Karte auf der Seite 100

Ich komme von Zürich, Hürzi und Emil kommen von Wil, in Aadorf treffen wir uns. Und wir umstaunen, bevor wir loslaufen, den Bahnhof, der durch exquisite Details besticht: Der Kamin ist als Burgzinne gestaltet, Bogenportale prägen die Geleiseseite, zu auffallender Eleganz sind die tragenden Säulen geschnitzt. Ausserdem gibt es hier statt eines Wartesaals einen Blauen Salon im Jugendstildekor. Und wozu der Pomp? Für den deutschen Kaiser Wilhelm II. anlässlich dessen Schweiz-Visite 1912. Am 4. September war es so weit. Wilhelms Sonderzug brauste auf dem Weg zu den Manövern bei Wil von Zürich heran.

Er fuhr aber leider vorbei, ohne zu halten – eine kurzfristige Programmänderung offenbar. Arme Aadorfer, wir schmunzeln betroffen. Dann machen wir uns auf den Weg, der uns durch sanft ansteigendes Bauernterrain via Ettenhausen und Iltishausen zu unserem ersten Etappenort führt, dem Weiler Huggenberg. Dort kehren wir in einem reizenden Wirtschäftchen ein, das «Schauenberg» heisst wie unser Wanderziel, und nehmen belustigt den eher thurgauernden als zürchernden Quäkdialekt der Einheimischen zur Kenntnis. Nun wird das Gelände allmählich steiler, und wir konzentrieren uns umso mehr darauf, nicht über Emil zu stolpern, den dynamischen Hund von Hürzis Kindern, ein terrierartiges Flachtier, das vor uns rege ausbeinelt und das Tempo angibt, dann wieder sich hinter uns zurückfallen lässt, um sicherzustellen, dass wir alle brav zusammenbleiben – Emil stellt für unsere Beine eine permanente Leinenverhedderungsgefahr dar.

Schliesslich sind wir auf dem Schauenberg. Er ist mit knapp 900 Metern nicht sehr hoch, doch weil ihm in der Umgebung kein anderer Hügel gleichkommt, bietet er rundum freie Sicht. Man soll von hier aus bei klarem Wetter gar den Dom zu Ulm sehen. In der Burgruine können Kinder schön spielen. Nach der Rast steigen wir via Girenbad hinab ins Tösstal. In Turbenthal endet der Ausflug in einer Beiz nah beim Bahnhof. Dort ist es still. Die Einzige, die redet, ist eine Frau verlebten Aussehens um die vierzig mit zwei männlichen Begleitern. Sie macht mit vielen Worten einen abwesenden Typ namens Röbi nieder, der sie «grusig versecklet» habe. Die Wirtin hinter dem Buffet hört schweigend zu. Dann, als die Frau einmal kurz innehält, sagt die Wirtin nur: «Jetzt mach mal einen Punkt, der Röbi hat dich immerhin aus dem Knast geholt!»

Höhendifferenz: Auf- und abwärts je knapp 400 Meter.
«Schauenberg»: Ruhetage Montag und Dienstag.

17 Freunde des Etzel

Von Schindellegi auf den Etzel und nach Einsiedeln in 4 Stunden
Karte auf der Seite 101

Als ich einmal vom Etzel nach Pfäffikon abstieg, traf ich im Wald auf eine Gedenktafel für einen Mann, dessen Namen ich unterdessen vergessen habe. Sie verewigte ihn als «Freund des Etzel», was mich bis heute irritiert: Mich ehrt keiner, obwohl auch ich ein engagierter Verfechter dieses Molassehügels bin, der sich zwischen Zürichsee und Sihlsee so beeindruckend in Szene setzt und einem auch nach einem Dutzend Besteigungen nicht langweilig wird – ich wenigstens habe ihn von allen Seiten her immer wieder begangen und fand dies stets von neuem beglückend; notabene habe ich dem Etzel während dieser Wanderungen viel neues Publikum zugeführt, dem bei Gelegenheit die charmante Tatsache eingebläut wurde, dass «Etzel» von «Atzel» gleich «Elster» kommt (und nichts mit dem manchmal auch «Etzel» genannten Hunnenkönig Attila zu tun hat).

Als ausgewiesener Etzelspezialist rate ich dieser Tage zur Softvariante ab Schindellegi (gut 300 Meter Höhendifferenz). Spektakulärer wäre der Weg von Pfäffikon her mit einer Höhendifferenz von fast 700 Metern, doch kann im abschüssigen Wald nördlich des Gipfels noch lange Schnee liegen. Also Abmarsch am Bahnhof Schindellegi-

Feusisberg. Wir gehen rechts an der Kirche vorbei, queren die Sihl, halten dieser entlang, queren nach zwei Kilometern zurück und sind bald beim Restaurant Büel; all das ist bestens signalisiert. Danach wird das Gelände steiler, wobei mehrere gleichwertige Wege sich anbieten. Endlich sind wir oben: Etzel Kulm, 1098 Meter, ein Ort der Freude. Im Restaurant bekommt man alle Wandererspeisen von Käseschnitte bis Schnitzel Pommes frites in guter Qualität. Und das Panorama der Schwyzer und Glarner Alpen ist an sichtigen Tagen umwerfend. Bereits sehen wir auch den Rest der Route. Sie führt vorerst hinunter nach St. Meinrad, wo die Jakobspilger rasten; Wirtschaft und Kapellchen sind nach dem frommen Eremiten benannt, der sich auf dieser Geländeschulter 828 eine Klause baute.

Beim Kloster respektive beim Bahnhof Einsiedeln endet die Wanderung. Meine Kolumne aber mag den abschliessenden Beweis dafür darstellen, dass ich, Widmer, ein aktiver Förderer des Etzel bin. Sein tätiger und treuer Freund. Dem doch wohl eine Gedenktafel zusteht.

Hin und zurück: Bahnlinie Wädenswil – Einsiedeln.
Ruhetage: «Büel» Donnerstag, «Etzel Kulm» Montag und Dienstag, «St. Meinrad» Mittwoch und Donnerstag.

Etwas Solothurnologie

18
Von Pfeffingen über den Blauen nach Rodersdorf in 4 Stunden
Karte auf der Seite 102

Ich Ostschweizer wusste nicht, dass der Kanton Solothurn an Frankreich grenzt, schäme mich meiner Ignoranz aber nicht; 2005 belegte das OLTNER TAGBLATT mit einer Umfrage zum Begriff «Leimental», dass selbst viele Leute in den solothurnischen Stammlanden keine Ahnung von jener baselnahen Exklave zum Elsass hin haben. Mein Beitrag zur Schliessung der kollektiven Wissenslücke sei, indem sie sich vor Ort begibt, diese Kolumne.

Die bei Stadtbaslern beliebte Wanderung über den Blauen ins Leimental beginnt im hübschen Pfeffingen BL. Erstes Ziel ist der Blattenpass. Als ich ihn erreiche, muss ich schmunzeln; was die Leute hier «Pass» nennen, ist herzig. Danach halte ich hinauf zum – schon wieder das Wort, schon wieder die Harmlosigkeit – Blauenpass. Weiss zacken die Kalkbrocken aus dem Boden; wir sind, geologisch gesehen, im Jura. Nach gut zwei Stunden stehe ich beim Hofstettenspitz, gar nicht so einfach, von hier die Gegend zu überblicken, zu dicht ist der Wald um mich. Zur Linken läge, hilft die Karte, das Laufental mit der Ortschaft Zwingen BL und rechter Hand erwähntes Solothurner Gebiet mit dem Wallfahrtsort Mariastein; unser Grat bildet die Grenze. Eine sturmumtoste Höhe ist das, wild bläst mir der Wind um die Ohren.

Eine halbe Stunde später, beim Metzerlenchrüz, steige ich ab in die Exklave. In Metzerlen SO spähe ich nach Westen zum Nachbardorf Burg, dem Lebensort des Chemikers und LSD-Entdeckers Albert Hofmann; mich alten Acidhead packt an dieser Stelle ein Ehrfurchtsschauder (zu einem eigentlichen Flashback reichte es nicht).

Alsbald laufe ich über eine zweite Geländestufe hinab nach Rodersdorf SO, das auf drei Seiten von Frankreich bedrängt wird. Im «Bahnhöfli» esse ich gut und grenznah günstig und nehme dann – nein, nicht die Birsigtalbahn, die gibt's nicht mehr. In der Endschleife wartet das Tram der Linie 10. Die Strecke nach Basel SBB führt zwei Kilometer über französisches Gebiet. Als der Fahrer vor Leymen (F) aufdreht, dass wir durchs Grün preschen, denke ich, dass zu diesem Feld-Wald-und-Wiesen-Tram der Slogan passen würde: «Ich bin auch eine Wildsau!»

Anreise: Von Basel mit der S3 nach Dornach-Arlesheim und mit dem Bus nach Pfeffingen (Endhaltestelle Bergmattenweg).
Höhendifferenz: Auf- und abwärts je 400 Meter.
«Bahnhöfli»: Montag geschlossen, Dienstag ab 14.30 Uhr offen.

19 Forstseeli und Freakhühner

Von Rüthi via Forstseeli nach Steinegg in 5½ Stunden
Karte auf der Seite 102

Von Rüthi im Rheintal via Forstseeli und Eggli nach Steinegg bei Appenzell – vier gute Gründe sprechen für diese Wanderung:

Der Hang. 800 Höhenmeter steigen wir empor zum Montlinger Schwamm, jeder Meter bringt mehr der grandiosen Sicht auf das Liechtensteinische, das Österreichische, das Graubündische, Hunderte Berge, das Rheintal bis zum Bodensee. Die vom Fluss schnurgerade durchschnittene Ebene mit all den Siedlungsballungen hat Schönheit durch ihre puppenstubenhafte Aufgeräumtheit. Die alten Griechen kannten den Zusammenhang: «kosmos» bedeutete und bezeichnete in ihrer Sprache sowohl «Ordnung» als auch «Schmuck».

Die Beiz. Sind wir so um zehn losgegangen, treffen wir auf den Mittag im «Montlinger Schwamm» ein. Das Restaurant trägt zur abwechslungsreichen Dramaturgie der Wanderung entscheidend bei; der Strapaze folgt entspanntes Essen auf der Prachts-Panoramaterrasse. Süss der geschnitzte Alpaufzug an der Fassade.

Das Seelein. Nun begehen wir Feuchtboden, daher der Name «Schwamm». Vor uns haben wir den Fänerenspitz, den Kamor, den Hohen Kasten; diese Trinität ist, von der andern, der Appenzeller Seite aus gesehen, Teil der in der Bauernmalerei kanonisierten Alpstein-Silhouette. Bald tauchen wir in einen moosigen Wald, in dem sich jederzeit ein Zwerg materialisieren kann (ein richtiger, kein Appenzeller). Dann erscheint das Forstseeli, einer der verschwiegensten Orte der Ostschweiz. Als ich Anfang Mai hier war, umschwammen – Urbild der Geborgenheit – Kröten im seicht-warmen Uferwasser ihren Laich.

Die andere Seite. Vom Seelein halten wir zur 150 Meter höheren Fänerenflanke hinauf. Auf der Krete endet der Zauberwald; man wird erweckt vom Licht, ist zurück im Diesseits, erhält eine neue Landschaft geschenkt; es zeigt sich 400 Meter tiefer der Talboden von Appenzell, auch erhält man, von der Seite her, Einblick in die Längsrinnen des Alpsteingebirges – ein famoser Winkel ist das. Im Kinderparadies Eggli kann man noch einmal einkehren, kann Hühner bestaunen, die bis zu den Krallen hinab dicht befiedert sind, was wirkt, als trügen sie freakige Pluderhosen. Der Rest ist Wonne: 45 Minuten beschwingtes Auslaufen in sanftem Abwärtsgang.

Hin und zurück: Haltestelle Rüthi Dorf an der Buslinie vom Bahnhof Buchs nach Altstätten. – Ab Steinegg per Bahn nach Appenzell und weiter nach Gossau oder St. Gallen.
«Montlinger Schwamm»: Durchgehend offen bis Saisonende im Herbst. «Eggli»: Donnerstag Ruhetag.

20 Hoch über der Magadino-Ebene

Von Giubiasco nach Isone
in 4 Stunden
Karte auf der Seite 104

Tessinwanderung heisst zuallererst: irre früh aufstehen. Eine eigenartige Sache; man ist um fünf Uhr morgens weder glücklich noch unglücklich, sondern wankt als fühlloser Automat zum Tram und in den Zug, dämmert dort noch einmal weg und realisiert erst kurz vor Flüelen, dass man auf dem Weg in den Süden ist. Dann freilich erwachen auch die Emotionen, man freut sich. Zum Beispiel auf die Wanderung von Giubiasco nach Isone.

Allerdings hatte ich mit der Route im ersten Drittel so meine Schwierigkeiten. Ein Vorgänger hatte mich gewarnt: «Die Beschilderung ist zum Teil sehr schlecht», schreibt er im Internet.

Tatsächlich. Schon am Nordrand von Giubiasco, nachdem ich in die von Trampelpfaden verwirrlich durchzogene steile Selve eingestiegen war, vertat ich mich ein erstes Mal; dies wurde mir klar, als ich hundert Meter höher schwer schnaufend bei einer Rustici-Ballung anlangte: nirgendwo Markierungen oder ein Wegweiser. Noch einmal hundert Meter höher – ich hatte improvisiert – brachte mich Irregeleiteten ein freundlicher Einheimischer, der vor seinem Gehütt Holz sägte und dazu grausige Schlager hörte, zurück auf den rechten Weg. Und oh Wunder, die nächsten zwei verblassten Markierungen interpretierte ich offenbar richtig und landete auf der grossen Lichtung von Stabbiello, einem Fixpunkt auf meiner Karte. Von da an war die Strecke perfekt ausgeschildert; gut so, denn der 800-Meter-Hang lässt in seiner oberen, von wilden Tobeln zerklüfteten Hälfte nicht mit sich spassen.

Bei allen Orientierungsproblemen aber, dies sei festgehalten, lohnt sich die Wanderung. Man läuft durch Kastanien- und Birkenwald, ist meist ganz allein, blickt direkt auf die Magadino-Ebene und den Lago Maggiore und hat tief unten auch die Autobahn über den Ceneri vor sich: ein erhabener Ort. Oben auf der Krete schliesslich erreicht man den Waffenplatz von Isone, wo die Grenadiere der Schweizer Armee ausgebildet werden. Unsere Green Berets sozusagen. Klingt unromantisch. Doch hernach wandert man an einer in ihrem Bildstock fein lächelnden Madonna vorbei auf einem alten Kulturweg sanft hinab ins Dorf. Dort geht es, weil die Grenadiere meist draussen im Gelände trainieren, recht zivilisiert zu und her. Isone ist lieb.

Heimreise: Mit dem Bus von Isone zum Bahnhof Rivera-Bironico an der Strecke Lugano – Bellinzona. **Höhendifferenz:** 800 Meter auf-, 300 abwärts. **Ausbau:** Ein Zweitäger, wenn man in Isone übernachtet und dann via Gola di Lago und die Monti di Roveredo nach Tesserete weiterwandert (5 Stunden).

Die Leiter von Isenthal

21

Von Flüelen nach Isenthal und Bauen in 5½ Stunden

Karte auf der Seite 105

Isenthal. Charmant abgelegen, duckt es sich in seinem langen Tal vor dem befirnten Uri-Rotstock. Isenthal. Es hat im Wappen eine Leiter, weil die Felswände, die es vom Urnersee trennen, einst wohl nur so zu bewältigen waren. Isenthal. Es zelebriert bis heute den 29. Mai 1820, an dem seine Männer den letzten Bären im Tal töteten (die Tatzen hängen im Fenster des Hauses gegenüber der Post). Isenthal. Als ich es kürzlich erwanderte, versetzte seine stolze Alleinlage mich – siehe diese Kolumne – in hymnische Laune, und ich nahm mir folgenden Aufruf vor: Geht oder fahrt hin, Leute! Kauft, esst, übernachtet! Die Dörfler werden euch schätzen. Die Masse bleibt unten am See.

Gestartet war ich in Flüelen. Ich verfluchte das Weg-der-Schweiz-Schild vor dem Bahnhof, das im Spitzwinkel zu den Wanderwegweisern auf eine Parkfläche zeigte und mir wirre erste Gehminuten bescherte. Danach, auf Kurs, querte ich die Reussmündung, hielt auf den mächtigen Gitschen zu, fand den Urnersee wieder, der mir im Flüeler Industrieviertel abhanden gekommen war. Gleichzeitig drängte sich die Autobahn heran. Sie, besagter Weg der Schweiz und das malerische Westufer des Sees laufen zwei Kilometer eng parallel. So what, that's Uri. Das Tal bietet halt nicht viel Raum. Und die Autobahn verschwindet dann im Seelisbergtunnel.

Bald kam das Delta von Isleten in Sicht, wo Alfred Nobel 1873 eine Fabrik gründete, deren Dynamit das Bahnloch in den Gotthard sprengte. Heute ist Isleten eher als vorzüglicher Windsurfer-Punkt, als «optimaler Föhnspot»

(Eigenwerbung) bekannt. Beim Restaurant Seegarten schlug ich den «Alten Landweg» ein, der in den Hang zweigt, und war auf einen Schlag allein. Der Pfad führt steil aufwärts; unter mir sah ich, wie später beim Abstieg von Isenthal zu meinem Endziel Bauen, den tiefblauen See und an dessen gegenüberliegendem Ufer die Axenstrasse. Endlich erschien vor mir ein Tal, und als ich Isenthals roten Kirchturm erblickte, wähnte ich kurz, das Dorf sei, von der Zeit vergessen, in der Vergangenheit verblieben. Wobei: Kurz vor der Schwybogenbrücke hörten zwei Teenagermädchen vor einem uralten, farbig bemalten Holzhaus laute Musik. Es war die Bloodhound Gang. Isenthal hat durchaus eine Gegenwart.

Heimreise: Ab Bauen mit dem Schiff nach Brunnen oder nach Flüelen. Höhendifferenz: Auf- und abwärts je 300 Meter. Isenthal: Gut isst man im «Tourist». Donnerstag Ruhetag.

22 Der unbekannte Gugen

Von Aarau auf den Gugen und weiter nach Stüsslingen in 3½ Stunden

Karte auf der Seite 106

Als unser Expeditionszug das Provinzstädtchen verliess, klumpten am Horizont dunkle Wolken, in der Luft lag elektrische Spannung, bald würde es gewittern. In Kolonnenformation zogen wir stromaufwärts, wobei uns ab und zu Eingeborene überholten, die – kurioser Brauch dieses Volksstammes – in einer ganz eigenen, farbigen Kleidung rannten, aus Gründen der Körperertüchtigung, wie man uns erklärte. Dann, nachdem wir übergesetzt hatten, sahen wir ihn aus der Savanne aufragen: den geheimnisumwitterten Berg.

Genug der Indiana-Jones-Prosa. Tatsache ist allerdings, dass der Gugen, dieser unweit Aaraus in der Jurafrontlinie sich präsentierende Solitär von 805 Metern, in uns das Gefühl weckte, wir seien Forschungsreisende à la Livingstone. Denn der Gugen, der sich auf der Karte durch seine regelmässigen Höhenkurven als topografische Schönheit empfiehlt, ist von keinem Wanderweg erschlossen und wird entsprechend selten begangen. Dies hatte mir mein Redaktionskollege Mathias Plüss verraten, ein äusserst exploratorischer Geist, der schon oben war.

Guter Hinweis, danke, Mathias. Der Gugen lohnt die Besteigung. 400 Meter über dem Mittelland findet man sich in beneidenswerter Aussichtsposition auf einem Kalkgrat, souverän schweift der Blick gegen Norden zur Salhöhe und weiter in die Ferne (gegen Süden behindern leider Gipfeltannen das Auge). Und man ist allein; wenigstens begegnete ich keinem Menschen, und das an einem Sonntag.

Hier die Wegleitung: Man läuft vom Bahnhof Aarau hinunter zur Aare und dieser entlang, wechselt beim Elektrizitätswerk ans andere Ufer, folgt den Wegweisern nach Niedererlinsbach. Dort geht man Richtung Stüsslingen, biegt aber bei der ersten Gelegenheit nach rechts und läuft nun auf den Gugen zu. An dessen Ostseite soll es exakt in der Gratlinie einen Pfad geben; wir allerdings kamen problemlos zum Ziel, indem wir einem Waldsträsschen, einem Pfad, dann wieder einem Strässchen folgten nach der Devise: im Zweifelsfall aufwärts. Die letzten Meter trampelten wir durch das Gehölz.

Einfacher verlief der Abstieg. Wir gingen auf der Gratlinie gegen Südwesten auf einem ausgetretenen Schmalpfad. Unten in Stüsslingen feierten wir den Wiedereintritt in die Zivilisation mit einem Entrecôte und einem Dreier Erlinsbacher im Restaurant Jura. Das kolumnendramaturgisch so wertvolle Gewitter fand im Übrigen nicht statt.

Heimreise: Ab Stüsslingen mit dem Bus nach Olten.
Orientierung: Empfehlenswert ist die Landeskarte 1:25 000, Blatt 1089/Aarau.

Prähistorische Steingravuren

23
Von Thusis nach Crap Carschenna und retour in 4 Stunden
Karte auf der Seite 106

Wenn wir in Thusis, noch auf dem Perron, gegen Süden schauen, sehen wir exakt in der Verlängerung der Bahngeleise einen dramatischen Einzelfelsen. Da hinauf wollen wir! Und also laufen wir die Dorfstrasse hoch bis zum Kreisel und überlassen uns dort dem Wegweiser «Hohen Rätien», der beim Restaurant Beverin die Strasse links hinabführt, über den Rhein und unter der Autobahn hindurch. Gleich hier beginnt der Steilpfad zur Burg, die eine eigene Kolumne verdiente: heidnischer Kultplatz, frühchristliche

Taufstätte, mittelalterliche Trutzburg. Ritter Cuno, den letzten Burgherrn, einen ehemaligen Kreuzritter, wollte das Volk lynchen; der böse Mann, der eine junge Frau aus der Gegend entführt hatte und bei sich gefangenhielt, sprang samt seinem Ross in die Tiefe. Soweit die Sage.

Die Anlage von Hohen Rätien, von der aus man auch prächtig den Einschnitt der Viamalaschlucht ein paar Kilometer weiter erahnt, ist aber nicht unser Hauptziel. Zurück beim Eintrittskreuz, visieren wir den Aussichtspunkt Crap Carschenna an. Bald sind da die ersten Schilder, die «Felszeichnungen» ankündigen; diesen Zeichnungen gilt die Wanderung. Sie liegen nah Crap Carschenna halb im Wald, halb auf einer kleinen Lichtung, über die – eine gute Hilfe, wenn man sich mit dem Finden schwer tut – eine Starkstromleitung führt. Auf der Lichtung steht im Übrigen auch eine Infotafel.

Hier entdeckte 1965 ein Forstingenieur unter Moos und Humus Wundersames: prähistorische Gravuren. Insgesamt elf Felsrücken aus Schiefer, glatt geschliffene Relikte der Gletscherzeit, wurden freigelegt, in die der Homo Vorzeit irgendwann zwischen 1800 und 600 vor Christus Sonnenkreise eingemeisselt hatte, Kreuze, Strichmännchen auf Strichpferden. Eine eindrückliche Sache, auch wenn viele der Gravuren stark verwittert und abgewetzt sind; es packen den Durchschnittszyniker der Gegenwart spirituelle Gefühle. In Anbetracht der Würde und Weite des Platzes, von dem man in Ergriffenheit auf den 400 Meter tiefer das Domleschg mächtig durchströmenden Hinterrhein blickt, sei mir – nur dieses eine Mal, ich versprech's hoch und heilig – ein abgedroschener Begriff erlaubt: Dies ist nun wirklich ein Kraftort.

Zurück: Wieder nach Hohen Rätien und in einer Schleife via Burg Ehrenfels nach Thusis. In den vier Stunden Gehzeit sind die Besichtigungen mitgerechnet.
Höhendifferenz: Auf- und abwärts je 400 Meter. **Vorsicht:** In dem felsigen Gelände müssen Kinder beaufsichtigt werden.
Literatur: P. E. Müller, Eine Landschaft der Symbole. Die Felsbilder von Carschenna. Terra Grischuna, 2004.
E. Good und P. Hänni: Magisches Graubünden. Wanderungen zu Orten der Kraft. AT-Verlag, 2005.

Eine Schlucht wie bei Karl May

24
Von Vuitebœuf nach Sainte-Croix in 2 Stunden
Karte auf der Seite 107

Mit dem Sommer kommt die Hitze, mit der Hitze der Wunsch nach Schatten. Aus dieser stringenten Analyse ist mein Gehvorschlag der Woche geboren: durch die Schlucht Gorges de Covatanne nach Sainte-Croix. Am Ausgangspunkt der kühlen Wanderung, im Dorf Vuitebœuf, lohnt es sich, während das Eisenbähnchen dekorativ weiterzuckelt, um in einer sechs Kilometer weit ausholenden Linkskurve zu bewältigen, was wir in der Zwei-Kilometer-Direttissima leisten werden – in Vuitebœuf lohnt es sich, von der leicht erhöhten Kirche aus den Blick über die Ebene der Orbe schweifen zu lassen. Waadtland vom Feinsten. Ist die Luft sehr klar, sieht man gar den Montblanc, habe ich gehört.

Nun drehen wir uns um, schalten somit mental aus dem Flachland- in den Juramodus, queren den Ort, dessen Einwohner «Vuitebolards» heissen, und betreten die Schlucht. Fast 500 Meter Höhendifferenz sind auf gutem Wanderweg durch die grüne Hölle aus Buchen zu absolvieren, wobei wir uns die meiste Zeit nahe am Wasser des tosenden Baches bewegen; die Gorges de Covatanne bieten auf gefahrlose Weise Karl-May-Feeling, ihre Durchsteigung ist ein Erlebnis für die ganze Familie. Nach einer halben Stunde Laufen im Wald kann es uns im Übrigen, wenn wir zeitlich richtig liegen, geschehen, dass wir hoch oben am Rand des gigantischen Kalksteincanyons, in dem wir stecken, die Bahn vorbeiziehen sehen.

Schliesslich kommt Sainte-Croix in Sicht, Nebenschauplatz der SF-DRS-Soap «Lüthi und Blanc», vor allem aber Standort eines prächtigen Spieldosen- und Automatenmuseums. Ansonsten mutet der Flecken mit seinen ungenutzten Fabrikliegenschaften geisterhaft an – irgendwie trist hier oben. Also ab auf die Bahn und retour nach Yverdon! Wobei ich letztes Jahr mit viel Vergnügen eine andere Variante erprobt habe, Sainte-Croix wieder zu verlassen: Wir mieten am Bahnhof ein Velo.

Nur knapp hundert Meter Steigung sind bis zum Col des Etroits zu meistern, Alpe d'Huez-Strapazen also nicht zu befürchten. Danach radeln wir, zuerst in Schussfahrt abwärts, dann geradeaus, dann wieder steil abwärts, dann wieder geradeaus, via das Val de Travers hinab an den Neuenburgersee und weiter nach Neuenburg.

Anreise: Vuiteboeuf liegt an der Bahnlinie von Yverdon-les-Bains nach Sainte-Croix. Halt auf Verlangen!
Musée du CIMA: 024 454 44 77.
Veloreservation: Bahnhof Sainte-Croix, 024 455 43 30. Die Velofahrt dauert drei bis vier Stunden.

25 Mitten im Emmental

Von Eggiwil nach Langnau in 4½ Stunden
Karte auf der Seite 108

«Chuderhüsi/Röthenbach» steht auf dem Bus vor dem Bahnhof Signau. Ich schmunzle, weil das so unnachahmlich nach «Uli der Knecht» klingt. Die Bauernhäuser im Dorf sind gegenüber einem, sagen wir, Appenzeller «Hemetli» um gut den Faktor drei aufgebläht; das ist in seiner ganzen performativen Berner Behäbigkeit Gotthelf-Land. Nun brausen wir in einen jener kilometerlangen Gräben, die der Idee eines einzigen Emmentals spotten. Hinten in Eggiwil dann wieder amüsierter Unglaube meinerseits: dass es so eine stöcklibestückte Hillbilly-Schweiz noch gibt! Ein Wahnsinnskrachen, kein Wunder, schlüpften hier die Täufer unter!

Die Route von Eggiwil nach Langnau besteht aus einem Höhenweg samt den Rampen rauf und runter. Der Anfangsaufstieg zum Girsgrat ist streng, bietet aber schöne Landschaft: satte Wiesen, Kühe, dunkler Wald und viel Nagelfluh. Unten im Tal der Emme ist weit hinten die Räblochschlucht erahnbar, deren engsten Teil man mit dem Helm auf dem Kopf durchschwimmen muss, da Steinschlag droht. Aber das ist eine andere Geschichte, die hier mangels Platz nicht erzählt werden kann; ich schaue wieder vorwärts: Vor mir erhebt sich auf dem Plateau ein Hügel mit Antenne, den der Weg, der bald zum Strässchen mutiert, rechter Hand umkurvt. Hinter dem Hügel hauen sich im «Blapbach» die Gäste komplexfrei deftige Portionen rein, vor Fett und Cholesterin hat in dieser Gegend keiner Angst, die Gefahr kommt von der Natur, was diverse Erdrutschnarben bezeugen. Auf dem Höhenweg wartet später eine Überraschung: das Hegenloch, laut Infotafel einer der ältesten

Tunnels der Schweiz, den Bauern 1839/40 aus dem Bröckelfels sprengten. Auch der Name des Restaurants Hochwacht, das an der Kante steht, wo es steil hinabgeht nach Langnau, zeugt von Geschichte: Wenn einst im Ancien Régime auf dem Münster zu Bern Alarm gegeben wurde, weil ein Feind anmarschierte, so standen auf 156 Hochwachten landauf, landab die Holzstösse und Harzpfannen bereit, brennend und rauchend das Signal weiterzugeben. Würde mich nur interessieren, wie das 1653 war, als sich die Bauern gegen ihre städtischen Parasiten, die Gnädigen Herren, erhoben: Ob dieser innere Feind damals die patrizische Meldevorrichtung zweckentfremdete?

Anreise: Mit dem Bus vom Bahnhof Signau (an der Linie Bern – Langnau) nach Eggiwil.
Höhendifferenz: Auf- und abwärts je 400 Meter.
Ruhetage: «Blapbach» Montag, «Hochwacht» Montag und Dienstag.

Easy Rider am Kerenzerberg

26

Von Filzbach auf den Nüenchamm und retour in 4 Stunden

Karte auf der Seite 109

Man muss sich uns vorstellen, dies Grüpplein mitten im Leben und Arbeitsleben stehender Leute: der ZÜRICHSEE-ZEITUNG-Redaktor, die Freelance-Journalistin mit Schwerpunkt Islam, das FACTS-Chefredaktionsmitglied, die KASSENSTURZ-Frau und der WELTWOCHE-Wanderkolumnist. Alles charakterlich gefestigte Personen. Und doch grinsen wir jetzt wie bekiffte Teenager und lachen dann wieder laut heraus und finden das Leben grossartig, während wir auf unseren Trottinetts das steile Bergsträsslein nach Filzbach hinabbrausen, überholen und überholen lassen, uns Albernheiten zuschreien und Grimassen schneiden. Den Gepäckträger als Niederflursitz nutzend, die Arme hinauf zum Lenker gestreckt, fühlen wir uns wie Dennis Hopper auf dem Chopper: Easy Rider in den Alpen.

Zuvor sind wir gewandert. Und auch das war schön. Wir fuhren von Filzbach, Kerenzerberg, mit dem Sessellift zum Habergschwänd hinauf. Von hier gelangt man in einer Viertelstunde zum Punkt Chalthüttli, wo ein Rundweg zum Nüenchamm beginnt, einem Aussichtspunkt auf 1904 Metern – unserem Ziel. Links haltend, erreichten wir auf coupiertem Pfad durch eine feuchte Halde mit apart aussehenden Pflanzen via den Punkt 1704, wo Schwindelfreie ganz zuvorderst an die Geländekante treten und unten den Talsee erblicken, in zwei Stunden den Gipfel. Er bildet, wunderbar freistehend, einen breiten Rücken, auf dem man sich entspannt und ruht wie auf der Badi-Liegewiese und vom Säntis über die Churfirsten bis zum Fronalpstock und Mürtschenstock alles sieht, was sich an Bergen rundherum inszeniert.

Nach dem Abstieg kann man im Habergschwänd einkehren. Und dann kommt, sofern man nicht wieder den Sessellift nimmt, jene Spasskombination zum Einsatz, die die Touristiker vorschlagen: In der Sommerrodelbahn schlittelt man den Oberteil des Hanges hinab und wechselt dann halb unten aufs Trottinett. Vor allem das Trottinett lockert die straffsten Gemüter. Also auch unsere. Hat nicht Jesus gesagt, wir Erwachsenen, so wir ins Himmelreich kommen wollen, sollten werden wie die Kinder? Wir fünf beherzigten den Ratschlag mit Freuden.

Anreise: Via Ziegelbrücke und Näfels-Mollis nach Filzbach.
Höhendifferenz: Auf- und abwärts je 600 Meter für die Wanderung zum Nüenchamm.
Mehr Infos: www.kerenzerberg.ch

27 Beeindruckende Bahn

Von der Stazione Piora zum Lukmanierpass in 4 Stunden
Karte auf der Seite 110

Tief unter unseren Füssen liegt im Berg die Pioramulde, jene geologische Problemzone, die seit Jahren die Neat-Bauer quält. An der Oberfläche aber wirkt die Pioragegend harmonisch und harmonisierend; die Route vom Ritomsee zum Lukmanier hält alle Zutaten einer beglückenden Wanderung bereit: Eine schöne Landschaft. Die Gelegenheit, gut zu essen. Und als Mehrwert ein Stück spektakuläre Technik.

1. Technik. Wir fahren von Airolo mit dem Bus nach Piotta und nehmen den Funicolare. Gebaut 1921 im Zeichen der Stromgewinnung aus dem Ritom-Stausee, ist er bei einer Steigung von 87,8 Prozent eine der steilsten Publikumsstandseilbahnen der Welt. Atemberaubend, eine Himmel-

fahrt, wie man in wenigen Minuten 800 Meter aufschiesst. Ein Tipp am Rande: Nichtwanderer kombinieren den Funicolarekitzel mit einer Easyradelei, indem sie am Bahnhof Airolo ein Velo mieten und – reine Fahrzeit 2 Stunden – die Leventina hinunter nach Biasca sausen.

2. Landschaft. Wenn man oben an der Stazione Piora aussteigt, sieht man bereits eine gute Portion Alpenwelt. Den Ritomsee erreicht man auf einem Strässchen in zwanzig Minuten, und angesichts der monumentalen Anlage fühlt man sich wie in einem James-Bond-Film. Der Wanderweg führt an der linken Seite des Sees entlang zum benachbarten Lago Cadagno und dann, in stets angenehm bleibender Steigung, hinauf zum Passo dell'Uomo auf 2218 Metern. Gipfel noch und noch zeigen sich rundum, bevor es wieder abwärts geht zur Lukmanierpasshöhe.

3. Essen. Man ist auf dem Weg bestens versorgt mit Einkehrmöglichkeiten, kann schon in der Staumauerbeiz Lago Ritom etwas essen oder eine halbe Stunde später in der Beiz von Cadagno di fuori oder wieder am Zielort, dem Lukmanier-Gasthaus Hospezi S. Maria. Vor allem aber wartet nach fünf Viertelstunden die Capanna Cadagno, eine Bergsteigerhütte, in deren Küche das freundliche Betreiberpaar Überdurchschnittliches leistet. Franco und Angela bereiten je nach Tag und Saison Risotto, eigene Gnocchi und Ravioli, Braten und Kaninchen mit Polenta. Und sie servieren wunderbaren Piora-Alpkäse.

Hört man nach dieser Wanderung wieder das Wort «Piora», so lächelt man selig.

Heimreise: Mit dem Bus ab Lukmanierpasshöhe nach Disentis oder via Olivone nach Biasca. Höhendifferenz: 500 Meter auf-, 300 abwärts. Andere Wanderideen in der Gegend: www.ritom.ch

Stolzer Einzelgängerberg

28

Von Stans via Blumatt und Blatti aufs Stanserhorn in 5 Stunden

Karte auf der Seite 112

Heiss, einfach nur heiss und der Berg so steil und die Sonne grausam prall und nicht der klitzekleinste Windhauch, und wenn es bloss mehr Schatten gäbe. Seit einer Stunde laufe ich nun und verfluche inzwischen den Sadisten, der mich an diesen Hang geprügelt hat, Schweiss tropft mir in die Brille, ich sehe nichts mehr. Verglichen mit meiner Strapaze ist der grosse Wüstenmarsch in der Fremdenlegionärsausbildung Peanuts.

Und täusche ich mich, oder hab ich schon die Hälfte meines Wassers getrunken? Hechel.

Schuld daran, dass ich armer Widmer am bisher heissesten Tag des Jahres von Stans aufs Stanserhorn stapfe – Schuld daran hat der irre Widmer in mir, der zur wanderlichen Exzentrik neigt und an diesem ozongeschwängerten Tag nur einem einzigen Berggänger begegnen wird, der sich dasselbe zumutet. L'enfer, c'est les autres, hat Sartre gesagt. Blödsinn! L'enfer, c'est moi.

Und ausserdem ist mein Wanderziel so höllisch schön, dass ich nicht von ihm lassen konnte. Das Stanserhorn, 1898 Meter, steht als markiger Pförtner in der Schwemmebene vor dem Engelbergertal und bietet einen tollen Blick auf den irre zipfelreichen, alle möglichen Hügel und Höhenzüge umkurvenden, den vier Himmelsrichtungen gleichzeitig zustrebenden Vierwaldstättersee.

Wenn ich bloss schon oben wäre! Meine Betriebstemperatur eskaliert bedenklich. Leute, greift euch einen kühlen Tag für diese Route: Zuerst vom Bahnhof via Winkelried-Denkmal und durch die Knirigasse aus dem Ort hinaus. Dann über Landwirtschaftsterrain entlang der nostalgisierenden Standseilbahn an den Fuss des Berges. Weiter sehr steil in der Direttissima zum rot getünchten Gehütt der Luftseilbahn-Zwischenstation Blumatt. Und danach in einer Linksschleife durch «Lothar»-geprüftes Restwaldgelände via Ahorn hinauf nach Blatti.

Auf dem Grat erblicke ich weit vorne das Gipfelrestaurant. Eine Stunde später sitze ich, halleluja, in der Beiz. Und stopfe mir – ich brauch jetzt Zucker – ein Stück Schwarzwäldertorte in den Schlund. Und die Ausgepumptheit schwindet. Und die Euphorie hält triumphal Einzug. Wandern ist Psychodrama. Es war grandios. Ich würde es wieder tun. Selbst wenn es noch heisser wäre.

Heimreise: Luftseilbahn und dann Standseilbahn nach Stans. Mehr Infos zu Restaurant, Bahnen, Wegvarianten auf www.stanserhorn.ch
Höhendifferenz: Zirka 1500 Meter aufwärts.

Aufs Bockshorn gejagt

29

Von Escholzmatt übers Bockshorn nach Trubschachen
in 4 Stunden
Karte auf der Seite 112

Eines schönen Tages jagte ich mich aufs Bockshorn. Just die mit dem Namen, den ich Wochen zuvor auf einer Karte zufällig entdeckt hatte, verbundene Redensart hatte mich zu der Wanderung bewegt. Allerdings erfuhr ich in der Folge aus einem etymologischen Wörterbuch, dass der 1252 Meter hohe Entlebucher Hügel nichts zu tun hat mit der Wendung «sich ins Bockshorn jagen lassen». Eher rührt diese vom «Haberfeldtreiben» her, einer früher in bayrischen Dörfern praktizierten Femeabrechnung: Der Übeltäter, oft der Reiche, der seine Macht missbraucht hat, wird nachts überfallen, in ein Ziegenfell gesteckt, verspottet, angepöbelt und verprügelt. «Bockshorn» wäre das verballhornte «bockes hamo» gleich «Bockshemd».

Lust aufs konkrete Bockshorn hatte ich weiter. Und also startete ich an einem Sonntagmorgen beim Bahnhof Escholzmatt. Dort wartete ein älterer Herr auf einen Menschen, mit dem ein Gespräch zu führen wäre, begrüsste mich freundlich, begleitete mich durch den Ort, zeigte mir auf meine Bitte hin die Bäckerei, verriet mir, dass ich, wenn ich «übere Bock» laufen wolle, den Wegweisern Richtung «Turner» folgen müsse und dass er gern mitkäme, doch leider konditionell dazu nicht mehr in der Lage sei; im Übrigen spendeten die Brunnen rund um den Napf ein wunderbares Trinkwasser.

Danach war ich allein. Und musste mich schon bald an einer Gabelung zwischen zwei – laut meiner Karte – gleichwertigen Wegen entscheiden. Ich nahm den rechten, lief gut zwei Stunden viel durch Wald, fand speziell das Pfadstück auf einem Grat reizvoll und traf endlich auf dem Bockshorn ein. Vor dem weissen Gipfelkreuz mit den zwei Querbalken stehend, erblickte ich die Innerschweizer, die Berner, die Freiburger Alpen in ihrer Pracht; eine befreiende, seelenlösende Weite war das.

Der Abstieg nach Trubschachen verlief zum Grossteil auf einem Teersträsschen. Immerhin traf ich bei Altgfääl auf den charmanten Selbstbedienungskiosk Himugüegli (Marienkäfer), ungefähr so gross wie ein Kaninchenstall und von der Bauernfamilie liebevoll gefüllt mit Keksen,

Schokolade, Glace, Mineral und Bier; auch einen Kafi Träsch hätte man mixen und sich auf einem der Gartenstühle zuführen können. Als ich am Bahnhof Trubschachen eintraf, war ich bester Laune. Auf dieses Bockshorn muss man keinen jagen, der schon oben war. Er wird freiwillig wieder hinaufgehen.

Höhendifferenz: 400 Meter auf-, 500 abwärts.

30 Ein Alpaka namens Otto

Von Wimmis auf den Niesen in 5½ Stunden
Karte auf der Seite 113

Einziger Programmpunkt des Tages: Ich will den Berg niederringen, demütigen, bodigen, der sich da in arroganter Steilheit vor mir aufbaut. Denken nur Männer, wenn's ums Wandern geht, so kompetitiv? Ich überlasse die Erörterung der Frage gern der guten alten Genderforschung. Aber tatsächlich fixiere ich mich, als ich morgens um acht starte, fanatisch wie ein Konquistador auf mein Ziel: Ich muss, ich werde den Koloss meistern. Zwischen mir und dem Gipfel des Niesen liegen 1700 Höhenmeter.

Mit welchem Gedanken ich nach Querung des unweit von Spiez hübsch gelegenen Dorfes Wimmis kühn in den Wald der Flanke des Niesen eintauche. In dessen Namen steckt «Yesen», gleich gelber Enzian, dessen bitter schmeckende Wurzeln in früheren Zeiten als Heilmittel dienten, gegen Fieber etwa. Ein guter Weg zieht sich einem bösen Tobel entlang aufwärts, aufwärts, aufwärts. Bald sehe ich zum Stockhorn hinüber und ins Simmental hinein, ich fühle mich wie ein Adler. Knapp Halbzeit ist auf der Alp Vorder-Ahorni, einer zum Thunersee gerichteten Fläche. Hier grast eine Alpakaherde. Stets ein, zwei Meter Abstand haltend, gaffen mir die kurios proportionierten Kameliden gebannt zu, wie ich auf einem Bänkli mein Znünibrot mampfe, irgendwie scheinen sie spöttisch zu grinsen. Weiter oben hängt an einem Zaun das Plakat: «Hallo, ich bin Otto, der mit der weissen Stirnfranse. Ihr müsst keine Angst haben. Mit einem Stock kann man mich verjagen.»

Hat Otto Stich weisse Haare, sinniere ich vor dem Plakat. Nein, ich glaube nicht. Und weiter. Die Steigung ist massiv. Ich schwitze schwer, tröste mich aber damit, dass andere vor mir litten. Auch der deutsche Komponist Johannes Brahms klagte über die Anstrengung, nachdem er 1886 auf den Niesen gegangen war. Dafür gilt dieser als einer der schönsten Berge schweizweit und präsentiert sich von weitem als perfekte Pyramide. Aus der Nähe ist die Topografie komplizierter, realisiere ich, als ich den Gipfel endlich erblicke: Zuerst ist noch eine Art Nebengipfel zu nehmen. Der mir bleibende Weg läuft sich erstaunlich easy. Als ich dann beim neuen Restaurant ankomme, einem langen Glaskörper, der auf einer Holzplattform schwebt, bin ich sehr zufrieden mit mir. Der Niesen, 2362 Meter, ist bezwungen. Der Niesen ist mein.

Hin und zurück: Mit der Bahn von Spiez nach Wimmis. – Mit der Standseilbahn vom Gipfel hinunter nach Mülenen und mit der Bahn retour nach Spiez. Niesen: www.niesen.ch

Verkalkter Pragel

31

Von Muotathal über den Pragelpass nach Richisau in 7½ Stunden
Karte auf der Seite 114

Der Bus von Schwyz ins Muotatal hat einen Infoscreen, laut dem der Fahrer dieses Morgens Karl Reichlin heisst. Herr Reichlin entlässt mich fahrplangenau um 08.38 bei der Endhaltestelle «Muotathal, hintere Brücke». Ich verabschiede mich, steige aus, quere die Brücke, wähle die Pragelpassstrasse bergan und bleibe 45 Minuten auf ihr, ohne mich von einer Wanderabzweigung ins Bisistal verführen zu lassen; erst auf 912 Metern verlasse ich die Strasse dort, wo rechts ein Wanderwegweiser im spitzen Winkel retour Richtung «Grossband» zeigt. Hinter dem Haus «Fedli» wird's wild. Das Grossband ist ein zwei Kilometer weit einigermassen waagrecht durch eine Felswand führender schmaler Waldstreifen. Oben und unten rahmen ihn senkrechte Fluhen. Gut eine Stunde strebe ich auf atemraubendem und doch sicherem Pfad vorwärts, wobei ich auch einen Panoramapunkt genau über der langgezogenen Gemeinde Muotathal passiere und die Muota 350 Meter tiefer gen Westen strömen sehe. Schliesslich spuckt mich das Grossband, dessen Felsen in edlem Stahlblau schimmern, vor der Alp Unter-Gschwänd aus. Folgt ein zweites Naturwunder: Via Ober-Gschwänd, wo man etwas trinken kann, und via Mittenwald erreiche ich den Bödmerenwald, den grössten Fichten-Urwald der Alpen. Er blieb im Kern unbewirtschaftet, weil er auf Schrattenkalk steht; das Wasser hat Abertausende Schrunden in den weichen Stein gefressen, der über die ganze Fläche aussieht, als hätte ein rasender Dämon alle dreissig Zentimeter mit einem Riesenmesser einen metertiefen Schnitt gehackt – wie wollte einer in dem Gelände Bäume fällen und abführen? Eine Stunde gehe ich durch den Urwald: weisser Kalk, Moderholz, mannshoher Huflattich, uralte Bäume. Via Roggenloch und Chalberloch gelange ich alsbald auf den Pragelpass. Bis hinunter zur Richisau auf der Glarner Seite dauert es noch einmal anderthalb Stunden. Aber wenn man in der «Pragelpasshöhe» einen «Kaffee Muuh» mit Nidel und Baileys einnimmt, absolviert man die Reststrecke beschwingt und sehr munter. Und in der Richisau kann man schon wieder einkehren. Am Schluss hat man dann aussergewöhnlich viel gesehen.

Heimreise: Buslinie Richisau – Klöntalersee – Glarus.
Höhendifferenz: 900 Meter auf-, 400 abwärts.
Einkehr: Alprestaurant Pragelpasshöhe, 041 830 12 25.
«Richisau», www.richisau.ch

32 Steilpass aus dem Calancatal

Von Augio über den Passit nach San Bernardino in 7½ Stunden
Karte auf der Seite 116

Ich überquerte den Pass di Passit vom Calancatal nach San Bernardino vergangenen Herbst; da vor zwei Monaten mein Kollege Plüss den Passit auch begangen hat, ist mir nun unverhofft ein Update zuteil geworden. Plüss vermeldet: Weg vorhanden, Weg okay – und jetzt im August werde wohl auch der Schnee ganz weg sein, den er im Juni noch vorfand.

Nicht ganz einig sind wir uns punkto Schwierigkeitsgrad. Während ich einige Stellen dort, wo man von der Alp de Lögna an einer rutschigen Flanke im hüfthohen, Wegmarken und Grund deckenden Gras 200 Meter emporkraxelt, als gefährlich empfand, erlebte Plüss die Route als unbedenklich; unsere Differenz mag mit dem unterschiedlichen Stand der Vegetation zu tun haben. Im Übrigen begegnete Plüss einer Kreuzotter. Also doch ein Quäntchen Gefahr: Kreuzottern sind – moderat, nur moderat, also keine Panik, Wanderfreunde! – giftig.

Ich startete in Augio, wo ich nett im Hotel La Cascata übernachtet hatte, benannt nach dem nahen Wasserfall. Fast zwei Stunden lief ich auf dem Teer eines Strässleins, das sich via den hintersten Talort Rossa durchs Tobel der Calancasca hoch zur Minisiedlung Valbella schraubt und sich in reduzierter Qualität weiter nach Alp de Lögna zieht. Urig, aber harmlos. Doch dann besagte Steilflanke: Felsen, Grünerlen-Gestrüpp, ruppige Tritte, kettengesicherte Stufen, Tiefblicke in eine schummrige Schlucht, einmal auch eine vage signalisierte Umleitung um einen Erdrutsch. Mir war mulmig im Magen. Endlich zeigte sich das harmonisch dem Scheitelpunkt auf 2082 Metern zustrebende Val di Passit, die Gefahr war gebannt. Ein schönes Gefühl einige Zeit später, auf dem Pass anzukommen; rundum waren Berge zu sehen, zwei Miniseen schmückten die Höhe, eine Steinhütte gab's da auch. Schliesslich stieg ich auf der anderen Seite durch einen felsbrockenübersäten, vermoosten Busch-Wald-Hang ab in die Zivilisation, die vom Motorenlärm der A13 angekündigt wurde.

Und zum Schluss noch dies: Unser Übergang heisst in nichtdialektalem Korrektitalienisch Passo Passetti. Schrittchenpass: Der Name gebietet eine vorsichtige Gangart.

Hin und zurück: Von Bellinzona per Bus via Grono nach Augio. – Von San Bernardino Dorf mit dem Bus direkt nach Chur oder Bellinzona. **Höhendifferenz:** 1000 Meter auf-, 400 abwärts. **Unterkunft:** «La Cascata», 091 828 13 12, www.lacascata.ch. Auch in Rossa kann man nächtigen.

Kein Ärger mit der Ärgera

33

Vom Schwarzsee via La Berra nach Plasselb in 6½ Stunden

Karte auf der Seite 118

Agonie auf der letzten Meile. Stundenlang sind wir zügig gegangen und haben kaum gerastet, nun tut jedem etwas weh. Bei Eugen ist es das dauerramponierte Knie, und trotzdem gibt er vorn das Tempo vor und verdient sich ein Kompliment von Nina: «Geni, du bist ein harter Bursche.» Nina ihrerseits hat Schmerzen im Zeh, den sie sich vor einem Jahr gebrochen hat. Und ich habe mir, weil ich den neuen Schuh mit einer zu dünnen Socke einlaufe, eine fette Blase an der Ferse geholt.

Man hätte das WELTWOCHE-Dreiertrüppchen am Morgen fotografieren sollen, oben am Schwarzsee, vor Wanderbeginn: Wir waren proper, waren ein wenig steif und reserviert, weil wir zwar zusammen arbeiten, doch noch nie zusammen gewandert sind. Und man müsste uns jetzt wieder fotografieren: Die Haare verschwitzt, die Schuhe verdreckt, humpeln wir Richtung Plasselb, haben uns gelöst und gelockert und sind uns näher gekommen in unseren Gehgesprächen über – sorry, hier setzt die wanderliche Schweigepflicht ein, nie werden unsere Bürokollegen erfahren, was wir über sie so sagten. Verraten will ich bloss das Unverfängliche: Nina hat mir alles über die «sechs Hauptmängel» beim Pferd beigebracht.

Damit genug der Kameradschaftsprosa. Erläutern wir lieber, weshalb wir uns genau diese Route ausgesucht haben. Schlicht, weil Wandern auch ein sprachliches Ereignis ist. Wo am Schwarzsee Französisch und Deutsch aufeinander treffen, gibt es die kuriosesten auf *a* endenden Ortsnamen, und gerne changieren sie ins Negative: Schmutzena, Metzgera, Ärgera. Solche Orte muss man einfach visitieren. Und will man nicht, wenn eine Schlucht «Plasselbschlund» heisst, das Höllenmaul betreten?

Eine Fact-Finding-Mission im Freiburgischen also. Von Schwarzsee Bad steigen wir Richtung Schwyberg auf, ziehen über sanfte Grashügel via L'Auta Chia nach La Berra, dem höchsten Punkt, geniessen die Weitsicht, passieren den Cousimbert, der für uns nur «Camembert» heisst, und steigen endlich in den Plasselbschlund. Doch unsere Angstfantasie stellt sich als Durchschnittstobel heraus – und auch die den Schlund nett durchströmende Ärgera bereitet nur Freude. Die Apokalypse fand nicht statt.

Hin und zurück: Buslinie Freiburg – Plasselb – Schwarzsee.
Höhendifferenz: Auf- und abwärts je zirka 1000 Meter.
Einkehr: Schöne Bergwirtschaft in L'Auta Chia. Im Hochsommer durchgehend geöffnet.
Kurzvariante: Ab Schwyberg via Blösch direkt nach Plasselb in 3½ Stunden.

Flauschiger Teppich Bostg

34

Von Sedrun via Bostg nach Caischavedra in 3½ Stunden

Karte auf der Seite 120

Der 1995 Meter hohe Bostg nehme sich inmitten von Dreitausendern «wie ein Hügel aus», sei aber durch seine isolierte Lage «einer der besten Aussichtspunkte in der Surselva», schreibt der «Rother»-Führer, den ich konsultiere, weil ich in der Gegend gänzlich unbewandert bin. Als ich auf dem Bostg stehe, «Bos-tsch» ausgesprochen, stelle ich fest: rundum Berge, in der Tat.

Dank dem Bostg kenne ich nun, wenigstens aus der Anschauung, den Piz Medel und andere Prachtserhebungen. Etwas Zweites machte mir den kleinen und feinen Gipfel lieb: der von Alpenrosensträuchern und anderem Niedergewächs tapezierte Grund. Man ruht wie auf einem Teppich. Zu dieser Flauschigkeit passt, dass man ohne Strapazen hinaufkommt.

Vom Bahnhof Sedrun folgen wir dem Wegweiser «Caischavedra», gehen kurz rechts der Schienen, unterqueren sie dann und halten nach «Bostg», aber nicht via Cungieri, das wäre ein Umweg. Unsere Route führt unter der Hochspannungsleitung am Hang schräg vorwärts und aufwärts an einen hübschen Punkt: Fünfzig Meter tiefer spannt sich der Bugneiviadukt der Matterhorn-Gotthard-Bahn, eine mehr als hundert Meter lange, doch aus der Legoperspektive niedliche Bogenbrücke. Alsbald drehen wir ins Val Bugnei ein, um an dessen bewaldetem Osthang Höhe zu gewinnen; bevor wir anschliessend auf breitem Rücken dem Bostg zustreben, werfen wir einen letzten Blick hinab auf Sedrun und die Neat-Baustelle. Aus ihr soll – quasi als Nebenprodukt der Monumentalgraberei für den Gotthard-Bahnbasistunnel – die Porta Alpina entstehen, jene von Bündner Politikern und Touristikern forcierte Zughaltestelle unter Tag.

Vom Bostg aus peilen wir die Seilbahnstation Caischavedra an; wir laufen dazu, einigermassen komfortabel in der Höhenlinie, einer Bergflanke entlang und meistern zwei wilde Bäche. Bei Caischavedra können wir einkehren. Dann fahren wir mit der Bahn hinunter nach Disentis. Oder wir mieten ein Trottinett. Nachdem ich hinab nach Disentis gelaufen bin, warne ich allerdings vor der Tücke des Terrains: Die Strecke ist im Oberteil so steil, dass man an einem Ort, wie ein Schild moniert, vom Trottinett steigen muss, um nicht die Kontrolle zu verlieren. Ein Joyride ist das kaum.

Höhendifferenz: 500 Meter auf-, 100 abwärts bis Caischavedra. Supplement: 700 zusätzliche Höhenmeter und anderthalb Stunden mehr Gehzeit beim Abstieg von Caischavedra nach Disentis.

35 Gib mir den Tritt!

Von Davos über den «Tritt» nach Arosa in 7 Stunden
Karte auf der Seite 120

Der «Tritt» ist sowohl Pièce de Résistance als auch Faszinosum der Wanderung von Davos nach Arosa. Kurz nach der Latschüelfurgga, dem von Davos-Schatzalp aus in zwei Stunden erreichbaren Übergang auf 2409 Metern, ist es so weit: Eine Felsfluh schneidet den schönen Wiesenboden unterhalb der Furgga so scharf ab, dass der Wanderer aus der Distanz wähnt, er müsse wieder hinauf zum Pass und retour nach Davos. Muss er nicht, den Walsern sei Dank; diese mittelalterlichen Siedler zu Davos und Arosa wollten untereinander Handel treiben und gingen das Problem an, indem sie einen groben Weg in den unscheinbaren Einschnitt der Fluh zwängten. Den «Tritt» eben, bei dessen Begehung man hohe Stufen überwinden, dabei die Hände gebrauchen und sich vor dem rutschigen Geröll hüten musste. Kurzum: Der ursprüngliche «Tritt» barg Gefahr.

Mittlerweile ist er entschärft. Und zwar durch eine mit Eisenbohlen befestigte, 220-stufige Holztreppe samt seitlichem Drahtseil. Ein Kinderspiel, so den Geländeabbruch zu meistern, gleichzeitig kommt man sich unglaublich heroisch vor; ist man dann unten und hat ein paar hundert Meter Abstand genommen, sieht das Ding, das sich die grauweisse Felswand hinaufzieht, wie ein rostroter Tatzelwurm aus. Ein Abenteuer – dem charmante Petitessen folgen: Man steigt durch einen idyllischen Hang von Alpenrosenbüschen weiter ab. Kann beim roten Findling die Füsse in einem Seelein kühlen. Und es kommt ein Weiler in Sicht mit sonnengeschwärzten Walserhäusern; in Medergen, «Medrege» ausgesprochen, wo es keinen elektrischen Strom gibt, möchte man verweilen – und darf es: wunderbar die altertümliche Wirtschaft Alpenrose. Danach gelangt man via Tschuggen und Tieja, wo sich die bröckelnde Tiejer Flue mächtig vor einem aufbaut, in einen zauberhaft vermoosten Gebirgswald, um endlich via den Stausee das Zentrum von Arosa und den Bahnhof zu erreichen. Dort bilanziert man: Eine strenge, aber sehr abwechslungsreiche Wanderung war das.

Anreise: Mit der Bahn nach Davos Platz und mit der Standseilbahn auf die Schatzalp. Höhendifferenz: 700 Meter auf-, 800 abwärts. «Alpenrose»: In der Wandersaison immer offen.
Achtung: In einigen im Handel erhältlichen Führern und Karten ist noch die Strela-Gondelbahn von der Schatzalp zum Strelapass erwähnt bzw. eingezeichnet. Sie würde die Gehzeit reduzieren, ist aber stillgelegt.

Fondue auf der Passhöhe

36
Von Montreux über den Col de Jaman nach Montbovon in 7½ Stunden
Karte auf der Seite 122

Montreux, das ist das Jazzfestival, wissen wir alle und assoziieren dazu soignierte Parkanlagen am See. Eher unbekannt hingegen das rustikale Hinterland des Ortes – obwohl dessen Botschafter recht aufdringlich ist: Der Bach Baye de Montreux braust laut durchs Zentrum. Zuvor hat er eine wilde Schlucht ausgefressen, die Gorge du Chauderon führt aus dem Städtchen direkt hinauf in die Waadtländer Voralpen.

Take a walk on the wild side! Die Wanderung mit Fernziel Montbovon beginnt am Bahnhof Montreux. Am Westende von Perron sechs zeigt ein Wegweiser die Richtung zur Gorge. Eine Viertelstunde später betreten wir unter der Autobahn am Steilhang den grünfeuchten Dschungel, der mit einigen Brücklein und vielen Holzbalken und Eisenbohlen notdürftig zivilisiert wurde. Irgendwann verwandelt sich der Schluchtweg in einen Waldweg, und nach zwei Stunden erscheint das süsse Ferienörtchen Les Avants an der Bahnlinie Montreux – Gstaad – Zweisimmen. Nun stehen wir vor Bergen, die sich schrofffelsig von den anmutig grünen Hügeln abheben; insbesondere fasziniert – was für ein steiler Zahn! – die Dent de Jaman. Zuerst auf einem Strässchen, später auf einem coupierten Waldweg geht es weiter zum Col de Jaman auf 1512 Metern. Täusche ich mich, oder weiden die welschen Kühe rundum tatsächlich mit mehr Eleganz und Grazie als ihre Deutschschweizer Kolleginnen?

Im Restaurant Le Manoïre essen wir Fondue. Dann laufen wir via Les Cases hinab nach Allières; beides sind – wir haben mittlerweile von der Waadt in den Kanton Freiburg gewechselt – Bahnstationen, wo man die Wanderung abbrechen kann, wenn man nicht mehr mag. Ich habe bis Montbovon durchgehalten, muss aber bekennen, dass ich die letzten zwei Stunden schwer litt. Der Grund war nicht, dass die Route zu anstrengend gewesen wäre. Nein, mit dem Schweiss war mir meine Day-long-Sonnencrème in die Augen gelaufen; es brannte infernalisch, ich sah mehr oder minder nichts und fühlte mich wie Michael Strogoff, der «Kurier des Zaren» in Jules Vernes gleichnamigem Roman, der nach seiner Blendung in Tatarengefangenschaft hilflos durch die Steppe torkelt.

Heimreise: Von Montbovon mit der Bahn nach Bulle (hässlichster Busbahnhof der Schweiz) und weiter per Bus nach Freiburg.
Höhendifferenz: 1100 Meter auf-, 700 abwärts.
Kurzvariante: Nur durch die Gorge du Chauderon nach Les Avants (Bahnhof) in 2 Stunden. 600 Meter aufwärts.

37 Felsbastion Alvier

Von Mels auf den Alvier und hinab nach Oberschan in 8 Stunden
Karte auf der Seite 124

Mit zwei Wänden übereinander schreckt der Alvier ab. Die untere Wand sehen wir, wenn wir mit dem Zug von Zürich nach Chur fahren: Von der Mitte des Walensees zieht sich linker Hand bis Sargans eine uneinnehmbar scheinende Felsbastion. Geht man von Mels her zu Fuss auf sie zu und legt man in Heiligkreuz den Kopf in den Nacken und präsentiert sich also die abstrakte Grösse von 1200 Höhenmetern sozusagen in rauen Naturalien und steigt man dann über ein Holzbrücklein in den dunklen Hang ein, passt Dantes Höllenmotto: «Lasciate ogni speranza!»

Wobei: Es gibt Hoffnung. Der Weg via Spina ist sehr steil, aber gut unterhalten. Und wankt man zwei Stunden später wieder aus dem Wald hinaus, erblickt man auf einem Zwischenplateau das Gasthaus Palfries. Auf dessen Terrasse rastet man angenehm. Danach kommt die zweite Wand, und die ist noch einmal 600 Meter hoch und wirkt noch abweisender als die erste – wo soll hier ein Weg sein? Erst aus unmittelbarer Nähe zeigt sich die Möglichkeit: Ein schmaler Pfad schlängelt sich in unzähligen Windungen durch einen engen Kamin; gefährlich ist er für durchschnittlich trittsichere Wanderer nicht, weil er gut befestigt ist. In einen engen Felsdurchschlupf haben die Wegmacher gar eine massive Holzleiter gelegt.

Und dann ist man auf dem Gipfel, 2343 Meter über Meer. Trinkt in der sympathisch rudimentären Wirtschaft etwas, geniesst die Rundsicht auf Berge dreier Nationalitäten (Schweiz, Österreich, Liechtenstein), erfreut sich an den grauweissen Karrenfeldern um den distanzierten Nachbarn Säntis. Das Glücksgefühl stärkt für die 1400 Höhenmeter des Abstiegs. Nach vollbrachter Parforceleistung kann man im Hotel Alvier ein letztes Mal einkehren; alsbald überantwortet man sich der hoteleigenen Seilbahn hinab nach Oberschan und dann dem Bus nach Trübbach. Lässt man auf der Heimreise Revue passieren, wie man vor Stunden die erwähnte Leiter hinaufgetappt ist und an diffizilen Stellen unter Zuhilfenahme der Hände eher den Berg hochgekrochen als -gestiegen ist, trifft einen ein Geistesblitz: «Alvier» kommt bestimmt von der Redewendung «auf allen vieren»!

Heimreise: Von Trübbach per Bus nach Sargans SBB.
Nichtwandertipp: Das Hotel Alvier ist einen Ausflug wert. Tolle Terrasse. Rund ums Hotel sind leichte Spaziergänge möglich.

Unterwelt Höllgrotten

38

Von Baar zu den Höllgrotten und nach Menzingen in 2½ Stunden
Karte auf der Seite 125

Vom internationalen Finanzplatz direkt in die Unterwelt: eine Familienwanderung. Der Weg zu den Höllgrotten ist ab dem Bahnhof Baar klar ausgeschildert und führt via Zentrum vorerst an den Stadtrand zur alten Fabrik zur Lorze; hier stehen auch, Zeugen der Textilgeschichte, die «Höllhäuser», die die Spinnerei ab 1861 für ihre Arbeiter baute. Nun muss man, so der Wegweiser, wählen zwischen «Uferweg» und «Waldweg». Der Uferweg ist bequemer, er führt praktisch eben der Lorze entlang (und ist auch ein Waldweg). Bemerkenswert, dass so ein unscheinbares Flüsschen einer ganzen Gegend Betrieb und Wohlstand brachte, indem es der Industrialisierung zudiente. Die Wasserkraft hat unzählige Arbeitsplätze geschaffen

Nach einer Stunde der Punkt «Höll»: Von Osten schiesst der Höllbach in die Lorze, das rustikale Restaurant Höllgrotten lädt zur Einkehr in seinen Garten. Noch einmal zehn Minuten dauert es, bis ein Parkplatz und ein Kiosk signalisieren: Höllgrotten voraus. Man zahlt seinen Eintritt, liest auf einem Schild, wie 1862, während man im Gelände Tuffstein brach, die Höhlen entdeckt wurden, und betritt die erste der zwei Grotten. Wohltuend, dass man den Parcours im Do-it-yourself-System absolvieren kann: Die Gänge sind gut beleuchtet, immer wieder hat es Infotafeln, Pfeile zeigen zweifelsfrei die Richtung – das macht einen Führer unnötig, der einem seinen Rhythmus aufzwingt und womöglich mit allzu routiniertem Gerede die mystische Stimmung killt. Die kleine Grotte hat man im Übrigen in gut 15 Minuten gesehen, die grosse will danach doppelt so viel Zeit; beiden gemeinsam ist die Ausstattung: Stalagmiten, Stalaktiten, Seelein. Und der Sinter, ein mineralischer Ablagerungsschweiss, der als krötige Rinde alles bedeckt.

Ein Abenteuer, fürwahr – hoher Tolkienfaktor. Wieder am Licht, erreicht man in zwanzig Minuten die Haltestelle «Tobelbrücke-Höllgrotten» des Busses nach Zug. Ich hatte Lust auf mehr, leistete mir ein Supplement und stieg über Edlibach zum Klosterdorf Menzingen auf. Die blumenbestandenen Hügelchen rundum waren ein beruhigender Kontrast zum unheimlichen Mobiliar der Grotten, die einem das Frösteln lehren.

Heimreise: Von Menzingen mit dem Bus nach Zug.
Höhendifferenz: Bis zu den Grotten praktisch keine. Danach 300 Meter aufwärts nach Menzingen.
Grotten: Zusätzlich zur Gehzeit ¾ Stunden für die Besichtigung rechnen. Öffnungszeiten auf www.hoellgrotten.ch oder 041 761 83 70.
Einkehr: Das Restaurant Höllgrotten ist montags geschlossen. Beim Grotteneingang gibt es einen Kiosk.

Ein schöner Turm und eine alte Abtei

39

1. Tag: von Moutier nach Bellelay in 8 Stunden
Karte auf der Seite 126
2. Tag: von Bellelay nach Courtelary in 8 Stunden
Karte auf der Seite 128

Die zweitägige Wanderung von Moutier nach Courtelary hält einige Höhepunkte bereit. Den Botta-Turm auf dem Moron. Die alte Abtei Bellelay samt ihrer einstigen Gästeunterkunft, dem heutigen Trutzgasthof L'Ours. Die futuristischen Windräder des Mont-Crosin. All die Menschendinge dominiert der Jura selber: breitrückige Höhenzüge aus weissem Kalkstein zum einen, viel *pâturage boisé* zum anderen, halbbewaldete Weideflächen, wie sie typisch sind für die Freiberge. Diese aparte Hochlandschaft enthebt ihren Begeher zuverlässig seiner Alltagssorgen.

Alles beginnt in Moutier. Von hier gehen wir via Perrefitte, Cornecul, La Neuve-Bergerie auf den Moron (1336 Meter). Nach der Einkehr in der gipfelnahen Auberge, die leider nur eingeschränkt geöffnet ist, da die wahre Liebe des wirtenden Bauernpaars seinen Pferden gilt, besteigen wir den aus 350 Tonnen Kalkstein gebauten Botta-Turm. 2004 eingeweiht, zieht er bereits so viel Volk an, dass an Wochenenden ein Kioskwagen auffährt. Das Spiralding ist aber auch gut gemacht: Die Breite der Treppe im Zusammenspiel mit der Höhe der Seitenwände killt jeden Anflug von Schwindel. Und die 30 Meter Aufstieg sind ein Klacks, weil die 209 Stufen so schön niederflurig sind.

Im «Ours» zu Bellelay, dessen Markenzeichen die wuchtigen Kalktreppen sind, essen und schlafen wir gut. Am nächsten Tag umkreisen wir die Abtei, die heute eine psychiatrische Klinik ist. Dann geht es Richtung Tramelan. Im Dorf Les Genevez blättert bei einigen Häusern der Putz ab, zeigen sich Fassadenrisse. Zwischen den Häuserlücken rosten Landmaschinenteile, und in einigen Auffahrten sieht man wassergefüllte Löcher im Teer. Diese Szenerie könnte man fotografieren und in eine Geo-Rumänien-Reportage schmuggeln mit der Bildlegende: «Europas Schande: Dorfszene aus der Bukowina». Unsere Ad-hoc-Depression weicht danach in der Ambiance der Freiberge schnell: weidende Pferde, Kühe unter tiefastigen Tannen, frischer Wind auf den Höhen und ein grosszügig gespannter Himmel. Der Weg führt via Tramelan hinauf zur Bise de Cortébert, wo wir in der gleichnamigen Auberge zu Mittag essen. Und weiter zum Mont-Crosin und in steilem Abstieg ins hübsche Courtelary. Dort kehrt die Realität zurück: Es ist Sonntagabend, und die perfekte Herbstwanderung ist zu Ende.

Heimreise: Von Courtelary mit der Bahn nach Biel. Höhendifferenz: 1. Tag 800 Meter auf-, 400 abwärts; 2. Tag 300 Meter auf-, 500 abwärts. Hotel: «L'Ours», Bellelay, 032 484 97 27. «La Bise de Cortébert»: Ruhetage Montag und Dienstag.

40 Regitzer Spitz ist Spitze

Von Fläsch zum Regitzer Spitz und nach Maienfeld in 5 Stunden

Karte auf der Seite 130

Der Tag des Gerichts ist da, die Toten klettern in ihren weissen Langhemden unbeholfen aus ihren Grablöchern, sie ringen die Hände und schneiden bange Grimassen; gute Laune hat einzig, schadenfroh grinsend, Satan mit seiner Vokuhila-Frisur wie ein Gölä-Bandmitglied. Wie muss das Wandfresko in der Kirche St. Luzisteig den Menschen der Gotik Eindruck gemacht haben, da es, stark verblichen, noch uns bildübersättigte Neuzeitler zu fesseln vermag!

Bevor wir das Fresko bewundern, wandern wir – die da wären: Dani, Hürzi, ich und Emil, der in dieser Kolumne bereits eingeführte «hochbeinige Jack-Russell-Terrier» (nachdem ich ihn in einer Kolumne als «terrierartiges Flachtier» bezeichnet hatte, protestierten Hürzis Kinder und baten um rassentechnisch korrekte Benennung). Wir starten in Fläsch, dem Winzerflecken unweit von Bad Ragaz. Dort hält uns allerdings eine Grundsatzfrage auf. Sollen wir uns im örtlichen Supermärktchen ein, zwei Flaschen Fläscher besorgen, oder wird uns der Wein zu schwer werden im Hinblick auf die anstehenden 600 Höhenmeter? Dani kauft. Hürzi und ich kaufen nicht, da uns die bolzengerade aufragende Westwand des Regitzer Spitzes einschüchtert. Emil wäre eher an Charcuterie interessiert, kann aber nicht sprechen.

Jetzt orientieren wir uns am Wegweiser zum Fläscherberg. In einer weiten Rechtsvolte umgehen wir die Steilwand, keuchen durch den Wald aufwärts, Kehre um Kehre, bis zur Fläscher Alp. Ab hier wird es bequemer; Armee sei

Dank zieht sich ein schmales Strässchen, das von stillgelegten Bunkern gesäumt ist, auf den Regitzer Spitz. 1135 Meter ist er hoch, der Senkrechtblick hinab ins Rheintal schwindelerregend. Immerhin: Ein Geländer sichert den Geländeabbruch.

Via Fläscher Alp steigen wir nach St. Luzisteig ab, dessen Waffenplatz die Gegend verhässlicht. Als wir die erwähnte Kirche erreichen, sind wir wieder ganz glücklich – der Effekt des erwähnten Freskos. Dann essen wir fein im Gasthof nebenan. Hernach erreichen wir in einer gemütlichen Stunde Maienfeld. Wieder ein Winzerort, wieder Gelegenheit zum Weinkauf. Und zur Formulierung der Tagesbilanz: Es war eine leichte, aber abwechslungsreiche Route, und zur grossartigen Natur kam grossartige Kunst. Nachdem ich anlässlich meiner Moron-Begehung letzte Woche von der «perfekten Herbstwanderung» schwärmte, bin ich daher geneigt zu sagen: Diese Herbstwanderung ist noch wesentlich perfekter.

Hin und zurück: Bus von Bad Ragaz nach Fläsch. Von Maienfeld mit dem Zug nach Sargans oder Chur.
Gasthof: Der «St. Luzisteig» hat am Mittwoch Ruhetag.

Das verlassene Tal

41
Von Maggia ins Valle del Salto und retour in 4 Stunden
Karte auf der Seite 131

Ich habe einen Traum. Hunderte anderer Leute haben ihn leider auch: Alle wollen wir an diesem nebelfeuchten Morgen ins Tessin, wo es warm ist und die Sonne scheint. Das ist kein Zug, das ist ein Platzangstgenerator, fährt mir im pumpenvollen Bahnwaggon durch den Kopf. In Locarno dann Gedrängel vor dem Bus ins Maggiatal. Ich bin – zähneknirsch! – zum Herdentier degradiert.

In Maggia wird mir meine Individualität zurückerstattet, indem ich als einer von wenigen Passagieren aussteige. Die Bergsteiger mit ihren Seilen und Pickeln wollen offenbar alle zu irgendeiner martialischen Felswand weiter hinten im Tal. Und die anderen Leute im Bus dürften aus Ziellosigkeit sitzen geblieben sein. Fuchtelten zwar beim Einsteigen dramatisch mit ihren Teleskopstöcken, laufen aber garantiert bloss 100 oder 200 Meter weit zu irgendeinem

Grotto, schlapp, wie die aussehen. Doch ich, ich habe einen ambitiösen Plan wanderlicher Art: Ein verlassenes Tal werde ich begehen und ganz für mich sein.

Tatsächlich wird das Valle del Salto einen köstlichen Tag lang praktisch mir gehören. Silbrig schimmern die Plattenstufen aus Granit, innig wittern die Bildstöcke mit den verblassten Heiligen vor sich hin, stachlig liegen die Hüllen der Kastanien auf dem Pfad. Jeden Moment muss mir, denke ich an diesem Tag mehrmals, der in schweres braunes Tuch gekleidete Bauer Rocco mit dem Flechtkorb auf dem Rücken begegnen auf seinem langen Marsch zum Markt.

Eine sentimentale Fantasie; viel gebauert wird hier nicht mehr. Dafür gewandert auf den Wegen, welche die Bauern hinterliessen. Der Rundweg «Giro del Salto» ist schön simpel: die eine Talseite rauf, über den Bach, die andere Talseite wieder runter. Etwas genauer: In Maggia steigt man nach der grossen Kirche S. Maurizio rechts in den Hang, läuft ab jetzt zwei Stunden mehr oder minder parallel zum Bach. Endlich ist auf 875 Metern der höchste Punkt erreicht, der Weiler Ceir. Nun führt der Pfad hinunter zu einer Betonbrücke, unter der Tümpel zu sehen sind, in denen man im Hochsommer bestimmt erfrischend baden kann, und via die historische Pioda-Kapelle zurück nach Maggia.

Auf der Heimreise erkenne ich im – wieder übervollen – Zug, dass ich ein anderer bin: Ich fuhr als bösgesichtiges Nervenbündel los und fahre als strahlender Nettmensch retour. Wandern läutert den Menschen sehr.

Hin und zurück: Maggiatal-Buslinie ab Locarno.
Höhendifferenz: Auf- und abwärts je 550 Meter.

42 Sprungschanze Steiniger Tisch

Von Rorschach nach Rheineck in 2½ Stunden
Karte auf der Seite 130

Der Buechberg, knapp bereits im Kanton St. Gallen gelegen, ist der nördlichste jener Handvoll Höhenzüge, in denen die typische appenzellische Hügeligkeit auch zum Rheintal hin sich materialisiert. Uff, was für ein komplizierter Satz – die Realität vor Ort ist so viel überzeugender in ihrer Einfachheit. Wir sehen da, gut einen Kilometer lang, einen schmalen Felssporn flach gegen Osten sich erstrecken; unter seinen Flanken fällt das Terrain steil ab, so dass er wirkt wie eine für einen Evel-Knievel-Motorrad-Stunt gebaute Rampe. Und das Beste: Am vordersten Punkt, dem Steinigen Tisch, gibt es eine Beiz, die alle Ostschweizer kennen und lieben, weil man von hier die abwechslungsreiche Bodenseespitze samt den Zuflüssen Alter Rhein und Rhein überblickt.

Am Bahnhof Rorschach starten wir, verlassen diesen auf der Nicht-See-Seite und stossen gleich auf den Wanderwegweiser. Erstes Ziel ist Schloss Wartensee gut hundert Meter höher; dort waltet – bereits haben wir die Autobahn, die wir unterquerten, vergessen – eine bemerkenswerte Pittoreskheit: Die Anlage ist hübsch mit dem vorgelagerten Entenweiher und den disneyartigen Schlosszinnen. Abgesehen vom unscheinbaren Westflügel, der aus dem Hochmittelalter stammt, ist das alles neogotisch-neuzeitliche Showarchitektur.

Auf einer Nebenstrasse laufen wir nun durch ein Wäldchen zum Einschnitt der Buechstieggasse. Und danach laufen wir, wobei wir gleich noch ein Schloss passieren (Greifenstein, Privatbesitz), über den erwähnten schnurgeraden Bergrücken wie über einen Laufsteg: Linker Hand liegt hundertfünfzig Meter tiefer der Runway des Flugplatzes Altenrhein. Und rechter Hand zeigen sich die Höhen Ausserrhodens. Endlich erscheint, in erwähnter aussergewöhnlicher Lage, das Restaurant Steinige Tisch.

Nach der Einkehr steigen wir rechter Hand über eine steile Treppe durch die Reben, die im Schutz des Buechbergs gedeihen, nach Thal ab und spazieren auf flachem Boden nach Rheineck. Dort könnten wir die Wanderung mit einer Visite der schmucken Altstadt beschliessen. Wir entscheiden uns aber vorerst für ein spätes Mittagessen in der «Post» gegenüber dem Bahnhof. Es gibt vorzügliche Griesnockerln, die eine Österreicherin in einer Tracht serviert, die vorarlbergisch sein muss. In Rheineck ist Austria wirklich sehr nah.

Höhendifferenz: Auf- und abwärts je 150 Meter.
Steinige Tisch: Montag und Dienstag geschlossen.

43 Weisser Sand wie am Meeresstrand

Von Innereriz über den Grünenbergpass nach Habkern in 5 Stunden
Karte auf der Seite 132

Das Naturschutzgebiet Seefeld am Rand der Hohgantregion kennt kaum ein Nichtberner. Jeder Wanderer von Ambition sollte das Plateau auf 1700 Metern aber genossen haben in seinem verblüffenden Wechselspiel von löcherigen weissen Kalkflächen und Moorboden, der von Beerensträuchern und Buschwerk überwuchert ist. Alles sehr exquisit. Samt dem feinen weissen Sand auf einigen Wegen. Und der ganz speziellen Stille.

Schliesslich treffe ich doch auf einen anderen Wanderer. Und kenne ihn sogar. Es ist Kolumnenfotograf Raffael Waldner. Wir arbeiten eigentlich getrennt; ich maile Raffael jeweils einige Wochen voraus, welche zwei, drei Routen in nächster Zeit fotografiert sein wollen; er macht sich auf den Weg, wann es ihm passt. Jetzt wollte es der Zufall, dass wir am gleichen Tag zur gleichen Stunde die gleiche Route begehen, er fürs Bild, ich für den Text. Witzig, dass wir in dieser verlassenen Gegend kollidieren wie zwei Meteoriten im All. Wir begrinsen das ausgiebig.

Raffael kommt von Habkern her. Ich bin in Innereriz gestartet. Das Tal der Zulg, stellte ich während der fünfzigminütigen Busfahrt von Thun her fest, ist Bilderbuchschweiz: geraniengeschmückte, sonnengebräunte Hausfassaden, scheu grüssende Kinder, eine fleissig auf den Wiesen werkende Bauernsame, viel Wald und noch viel mehr Hügel. Bei der Endstation Innereriz Säge könnte man jederzeit den grossen Shoot-out eines Westerns im Sergio-Leone-Groove drehen.

Oder aber loslaufen. In zwei Stunden erreicht man auf schmalen Weidesträsschen den Scheitel des Grünenbergpasses auf 1553 Metern. Nur Ignoranten wählen hier oben die Direttissima hinab nach Habkern. Eingeweihte, wozu ab sofort die Leser dieser Kolumne zählen, folgen dem Wegweiser zum Seefeld und lassen dessen märchenhafte Atmosphäre ihren Zauber entfalten. Allerdings sollten sie sich einen Rest Vernunft bewahren. Zum Kalkstein gehören tiefe Schrunden und Trichter. Das Seefeld birgt Gefahr. Man bleibe also auf dem signalisierten Weg. Er zieht sich via Hinteres und Mittleres zum Vorderen Seefeld. Und von dort retour in die Zivilisation in Form des schmucken Dorfes Habkern, von wo man per Bus in 20 Minuten nach Interlaken West gelangt.

Höhendifferenz: Auf- und abwärts je 700 Meter.
Ausbauvariante: Übernachtung in Habkern. Am nächsten Tag via Bolberg, Speicher, Stand, Schärpfenberg nach Kemmeriboden (Bus nach Escholzmatt). 6 Stunden. Auf- und abwärts je 700 Meter.

Soldati Ticinesi am Belchen

44

Von Olten auf den Belchen und nach Eptingen in 5 Stunden

Karte auf der Seite 134

Zu «Belchen» fällt manchen Leuten nur der A2-Tunnel zwischen Eptingen und Hägendorf ein. Da ist über dem Tunnel aber auch ein Berg, die Belchenflue. Oder eben, kürzer: der Belchen. Kleiner Exkurs: Denselben Namen tragen, im Schwarzwald und in den Vogesen, vier weitere Berge, die französische Variante lautet «Ballon» wie in «Ballon d'Alsace» («Elsässer Belchen»). Das Wort stammt aus der Keltenzeit und leitet sich ab vom Lichtgott Belenos, dem der Anbeter auf einer markanten Bergspitze besonders nah war.

Die Wanderung auf die Belchenflue beginnt in Olten. Vom nördlichen Stadtrand steigen wir durch den Wald in die Höhe. Im Restaurant Rumpel, in einer ersten Querfalte des Jura gelegen, können wir rasten und die Wasserdampffahne des AKW Gösgen im Osten bestaunen. Dann halten wir hinauf zur Homberglücke und hinab ins nächste Quertal. Den Weiler Ifenthal lassen wir rechts liegen, denn eben, wir wollen auf den Belchen. Das letzte Wegstück zum Pass hinauf, ein Natursträsschen, führt über einige hundert Meter schnurgerade einer Felswand entlang, einer patriotischen Rampe: In regelmässigen Abständen sind da Truppenwappen aufgemalt mitsamt Signaturen wie «Soldati Ticinesi 1915». Der Belchen ist auch eine Festung mit Bauten aller Art und gehört zur im Ersten Weltkrieg entstandenen «Fortifikation Hauenstein», die den feindlichen Zugriff von Norden her aufs Mittelland und den Verkehrsknoten Olten vereiteln sollte.

Eine Treppe hilft über die letzten Steilmeter zur Belchenflue; toll das Panorama. Weiter unten wartet dann das Berghaus Oberbölchen. Es ist nicht nur Beiz, sondern auch

Kursort: Ein Fachtrainerteam lehrt «Natural Dog Communication». Klingt vielversprechend: Wieso nicht sich zum Pudel- oder Dobermannflüsterer weiterbilden? Vom Berghaus erreicht man in weniger als einer Stunde das Mineralwasserdörfchen Eptingen. Achtung: Bevor man vor Eptingen die Autobahn unterquert, gibt es einen dummen Ort, wo man direkt vom Wanderweg auf die Schnellstrasse laufen könnte. Aber dafür sind die Leserinnen und Leser dieser Kolumne zu intelligent.

Heimreise: Von Eptingen per Bus zum Bahnhof Sissach.
Höhendifferenz: 700 Meter auf-, 550 abwärts.
Ruhetage: «Rumpel» Montag. Das Berghaus Oberbölchen ist in der kalten Jahreszeit nur am Wochenende geöffnet, Information auf www.triple-s.ch
Buch: «Dort oben die Freiheit», Wolfgang Hafner. Rotpunkt, 2005. Ein kenntnisreicher Wanderführer durch den Solothurner Jura.

45 Plädoyer für die Postsaison

Von Aeschiried durchs Suldtal zum Pochtenfall und retour in 3 Stunden
Karte auf der Seite 134

Das Restaurant Pochtenfall im Suldtal ist ein schöner Ort: gemütliche Gaststube mit Schwedenofen, rustikales Essen, nette Wirtsleute. Warum also soll man von Aeschiried zum «Pochtenfall» laufen und retour, jetzt, wo die Saison zu Ende ist? Nun – genau darum: Weil es einen eigenen Genuss bereitet, durchs Naturschutzgebiet zu gehen, wenn kaum Leute unterwegs sind, die Beiz zu ist, der Parkplatz leer bleibt, die Landschaft ruht. Wer an dieser Idee keinen Gefallen findet, der übe sich in Geduld: Im Mai öffnet der «Pochtenfall» wieder.

Kennenlernen muss man den speziellen Flecken auf jeden Fall. Grossartig schon die Anreise: wie der Bus von Spiez her 350 Meter steigt. Die Gemeinde Aeschi bei Spiez, zu der Aeschiried gehört und deren Name sich ableitet von althochdeutsch «ascahi» gleich «Eschengehölz», liegt unter dem Niesen auf der mächtigen Mittelmoräne der einstigen Zungen des Kander- und des Aaregletschers. Beim Schulhaus Aeschiried ist Endstation; braucht man Proviant, hat's gegenüber einen Laden. Der Wanderweg führt nun eine Stunde lang mehr oder minder geradeaus durchs enge Suldtal, wobei man vom Strässchen bald rechts hinab zum Bach steigt. In dem wilden Terrain an dessen Ufern – umgestürzte, modernde Bäume, Felsklötze, durchnässter Boden, hoher Farn – sollen seltene Orchideenarten gedeihen, habe ich gelesen. Als totaler Pflanzenignorant würde ich diese Preziosen allerdings ebenso wenig erkennen wie die angeblich auch anzutreffende Türkenbundlilie und die Alpenakelei.

Beim Restaurant Pochtenfall ist fertig gemütlich: Hier beginnt ein dreiviertelstündiger Rundweg, der recht steil ist. Man sollte ihn momentan, obwohl er wirklich nicht mehr ist als ein coupierter Waldpfad in feuchtem Gelände, nicht allein begehen; denn eben, wer weiss, ob dieser Tage bald jemand käme, wenn man gestürzt wäre, sich den Fuss verknackst hätte, Hilfe bräuchte. Aber die Route lohnt sich. Mein Vorschlag: in nördlicher Richtung in den Kreis einsteigen. Nach fünfzehn anstrengenden Minuten mischt sich dann ein sonores Tosen ins helle Rauschen des Wildbachs. Ein Terrässchen kommt in Sicht mit einer Bank, man nimmt Platz, und voilà: der Pochtenfall. Im Unterschied zum gleichnamigen Restaurant ist er auch im November für uns Wanderer da.

Hin und zurück: Buslinie Spiez – Aeschiried Schulhaus.
Höhendifferenz: Auf- und abwärts je 200 Meter.
Einkehr: In Aeschiried und Aeschi.

Schumis Beinahe-Wohnort

46
Von Heiden zum Guggenbühel und nach Wolfhalden in 2 Stunden
Karte auf der Seite 135

Eigentlich war geplant, dass Michael Schumacher diese Kolumne dominieren sollte, der kürzlich zurückgetretene Formel-1-Superstar; doch dann schob sich unerwartet Bella, die Appenzeller Sennenhündin meiner Schwester, ins Zentrum der Aufmerksamkeit. Vom Ausserrhoder Kurort Heiden aus waren wir vormittags losmarschiert: meine Eltern, ich und die mir für eine Woche anvertraute Bella. Der Weg führte uns am Freibad vorbei über Moorgrund auf den Weiler Bänziger zu; beim Ebnet vollzogen wir eine Spitzkehre, gewannen auf dem Natursträsschen im Wald Höhe und kamen zum Klaren, wo erstmals unser Ziel auf dem Wanderwegweiser stand: «Guggenbühel».

Ein Prachtsort, dieses Guggenbühel: ein Hügelrücken hoch über dem tiefblauen Bodensee; den Alpstein kann man von hier oben ebenfalls uneingeschränkt bewundern, und es streicht das Auge geniesserisch auch übers sanftgrüne Vorderland. Der Platz gefiel vor Jahren besagtem Schumacher so sehr, dass er im grossen Stil bauen wollte.

Das Vorhaben scheiterte am Zonenrecht. Doch wäre es denn so toll gewesen, wenn Schumacher in diese Gegend der bescheidenen Höfe sein Villa-Hallenbad-Pferdestall-Ensemble hätte klotzen dürfen? Über das Protzprojekt schnödend, strebten wir dem Dorf Wolfhalden zu und vernachlässigten Bella, der alsbald Schlimmes widerfuhr: Sie erlitt vom Elektrozaun eines Alpakageheges einen starken Schlag. Heulte auf. Sauste ab wie eine Rakete. Der Rest des Tages war Suchen – vergessen war Schumi. Wir fragten Bauern. Wir riefen in jedes Tobel. Wir durchstreiften Heiden und Wolfhalden, drehten mit dem Auto Runden. Und mussten doch ohne Bella heim.

Dann, am nächsten Tag, der erlösende Anruf vom Polizeiposten Heiden. Wir rückten aus und fanden Bella in einem Vorgarten an der Hinterbissaustrasse. Sie hatte sich, unweit des Freibades, zum Warten niedergelassen und, so ein Anwohner, zwanzig Stunden nicht mehr vom Fleck gerührt. Kluge, tapfere Bella. Sie hat sich im Übrigen schnell wieder erholt und ist kurz danach an der Olma als Musterbläss im Festumzug mitgelaufen. Also ein Happy End.

Hin und zurück: Per Bus von St. Gallen nach Heiden. Per Bus von Wolfhalden retour nach Heiden/St. Gallen.
Höhendifferenz: 100 Meter auf-, 200 abwärts.
Gaumentipp: In der über hundertjährigen Bäckerei-Konditorei Hecht, Wolfhalden, die berühmten, bemerkenswert unklebrigen Nussgipfel mit der herben Baumnussfüllung kosten. Mittwoch bis Samstag offen.

47 Rathaus mit integriertem Pranger

Von Willisau via Grosswangen nach Sursee in 4 Stunden
Karte auf der Seite 136

Mehr als hundert Menschen starben in Japan, als ein Zug entgleiste und einen Wohnblock rammte. Der Lokführer war zu schnell gefahren, und das nicht ohne Grund: Er fürchtete eine «Nacherziehung». Lokführer der betreffenden Gesellschaft werden nämlich, wenn sie sich auch nur geringfügig verspäten, bestraft, indem sie sich einen Tag lang in Uniform auf einen Bahnhofsperron stellen und ihren vorbeifahrenden Kollegen zusalutieren müssen. Das klassische Prinzip der Demütigung durch öffentliche Vorführung. Womit wir beim Thema dieser Kolumne wären, dem Pranger. Unsere Wanderung von Willisau zum Sempachersee endet in der Altstadt von Sursee, wo der einzige erhaltene Pranger weit und breit zu besichtigen ist.

Bevor wir das böse Stück ins Auge fassen, ist viel harmlose, von der Landwirtschaft geprägte Natur zu durchmessen. Wir starten am Bahnhof Willisau, wählen in der Unterführung die Richtung weg vom Städtchen und finden uns bald am Ortsrand; gleich nach dem Goldwaschshop geht es hoch auf den Wellbrig. Keuch, schwitz – das Schweizer Mittelland gilt als anspruchslose Flachgegend, erweist sich in der Praxis aber als erstaunlich coupiert.

Vom Wellbrig stechen wir hinunter nach Grosswangen, im Tal der Rot ist Halbzeit und sind auch die entsprechenden Beizen für eine Rast vorhanden. Hernach steigen wir wieder auf, diesmal zum Leidenberg, und wieder ab, nach Sursee eben. Dessen Vorstadt präsentiert sich auf dem 15-Minuten-Weg vom Bahnhof in die Altstadt als Stilwirrwarr postmoderner Art; es scheint ein Stadtnichtplaner am Werk gewesen zu sein. Endlich stehen wir vor dem prächtigen Rathaus, das zwischen 1539 und 1546, in der Spätgotik also, entstand und als Prestigebau des damals tausend Einwohner kleinen Marktfleckens dem grossen Luzern Eindruck machen sollte.

Den Pranger finden wir in der Südecke des Rathauses. Die Mauernische anderthalb Meter über Boden ist mit einem eigenen Minidach gedeckt. Wer hier stand, den Hals mit einer Kette fixiert, sah den ganzen Stadtplatz. Respektive: Der ganze Stadtplatz sah ihn. Eine grausame Strafe. Hätten wir nicht einleitend vom heutigen Japan und den Gebräuchen im dortigen Bahnwesen erzählt, so könnten wir nun zufrieden mit dem Seufzer schliessen: Gott sei Dank leben wir in der Gegenwart.

Höhendifferenz: Auf- und abwärts je zirka 350 Meter.

48 Die Brüste der Märtyrerin

Von Hausen am Albis nach Rumentikon in 4 Stunden
Karte auf der Seite 138

Historische Gewalt prägt diese Wanderung von Hausen am Albis nach Rumentikon bei Cham – die wir dennoch als Familienwanderung anzupreisen wagen, weil a) Erziehen ohnehin heisst, dass man permanent allzu brutale Wahrheiten pfleglich abschwächen muss, und b) der Weg auch viel Unschuldig-Nettes bereitzustellen vermag. Etwa ein familienfreundliches Panorama: Rigi und Pilatus in der Mitte, Zugerberg zur Linken, Reusstal mit Lindenberg zur Rechten, wunderbar.

Und los. Eine halbe Gehstunde nach Hausen kommt an leicht erhöhter Stelle der ummauerte Zwinglistein in Sicht. Um das Denkmal zu erreichen, müssen wir die Landstrasse in einer langgezogenen Raserkurve fussgängerstreifenlos queren; wir riskieren dabei den Heldentod der Moderne. Zürichs Reformator starb seinen «Heldentod» (Inschrift) 1531 in der Schlacht gegen die Katholiken, sein Leichnam wurde verbrannt, die Asche in den Wind gestreut

Bald darauf erreichen wir Kappel und dessen berühmte gotische Klosterkirche; der letzte Abt fiel übrigens mit Zwingli. Eine andere Geschichte: In einem der Glasfenster sehen wir einen knienden Recken im Kettenpanzer samt der Inschrift «Got hilf her dim Diener mir iunge Walth vo Eschibach». Besagter Ritter war 1308 einer der Meuchler des Habsburgerkönigs Albrecht bei Windisch und soll seiner Strafe entkommen sein, indem er im Schwarzwald als Schäfer untertauchte (nebenbei – ist das nicht Strafe genug?). Heiterer mutet das Motiv im Gewölbebogen der Stephanskapelle an. Das Familiensignet der Gessler von Brunegg besteht aus keinem anderen als Globi. Kein Witz, das Gewölbe ist über und über mit jahrhundertealten Vogelwesen-Köpfen à la Globi bemalt. Draussen informiert eine Tafel, der Globi-Zeichner Robert Lips (1912 – 1975) sei hier inspiriert worden.

Und weiter. Uerzlikon, Knonau, Islikon. Endlich die Lorze. An ihr steht das Kloster Frauenthal. Und in dessen Hof steht ein Brunnen. Und auf dessen Mittelsäule steht liebevoll koloriert die heilige Agatha und präsentiert auf einem Tablett zwei blasse Kugeln. Es sind – Agatha ist eine

Märtyrerin! – ihre abgeschnittenen Brüste. Ratschlag an alle Eltern: Sagt euren Kindern einfach, es handle sich um eine Serviererin, die Vanilleglace aufträgt.

Hin und zurück: Bus nach Hausen ab Zürich-Wiedikon. Bus von Rumentikon zum Bahnhof Cham.
Höhendifferenz: Vernachlässigbar.

Rohans Schanze, Rohans Fall

49
Von Landquart zur Rohanschanze und nach Malans in 1 Stunde
Karte auf der Seite 140

Einige gut zwei Meter hohe, wallartig in die Länge gezogene, begraste Erderhebungen und dazwischen topfebener Boden: Wie kommt es zur durch Gestrüpp und Bäume kaschierten Geländeauffälligkeit von 200 auf 200 Meter nördlich von Landquart?

Es sind die Reste der Rohanschanze oder auch Rheinschanze. Im europaweiten Dreissigjährigen Krieg 1618 bis 1648 kämpfen die Katholiken gegen die Protestanten, aber auch die Habsburger gegen Frankreich und seine Alliierten. Die Drei Bünde (Graubünden) und ihr Untertanengebiet Veltlin werden als Durchgangsort wichtig: Die österreichischen und die von Mailand aus operierenden spanischen Habsburger sind auf den Transit angewiesen, um koordiniert zu agieren. Das zu vereiteln, rückt der französische Herzog von Rohan samt seinem Korps an. Mit dem Bündner Protestantenführer Georg (Jürg) Jenatsch jagt er die Habsburger aus dem Land. Als die Franzosen danach aber das Veltlin nicht freigeben und ihren Schweizer Hilfstruppen den Sold nicht auszahlen, wendet sich Jenatsch abrupt gegen Rohan, der sich in seiner vom Zürcher Kriegsingenieur Ardüser erbauten Landquarter Schanze aufhält, in welcher Stellung er kraft der Nähe zu den zwei einzigen Brücken der Gegend (über den Rhein und die Landquart) den Nord-Süd-Verkehr kontrolliert. Im März 1637 marschieren die Bündner zu 3000 Mann auf. Der überrumpelte Rohan, der nur 1000 Mann hat, muss abziehen. Die Schanze wird später geschleift.

Wir suchen die Vergangenheit vom Bahnhof Landquart her auf. Unser Weg führt die Bahnhofstrasse hinab, links in die Seilbruckstrasse, über die Landquart, vor dem

Gutsbetrieb Neugut gleich wieder links und unter der Bahnlinie Richtung Klosters durch. Vor uns sehen wir nun rechts der SBB-Linie Zürich – Chur einen Wanderwegweiser, der die Rohanschanze anzeigt, und erreichen in zehn Minuten, auf unser Schlussziel Malans zuhaltend, die Landstrasse Maienfeld – Landquart. Auf der anderen Seite liegt unser Gelände. Den Gedenkstein finden wir, wenn wir zuerst noch auf der Landstrasse 100 Meter Richtung Maienfeld gehen; fünf Meter zurückversetzt und leicht erhöht, erinnert er an die Schanze, «erbaut 1631 bis 1635 zum Schutze der Drei Bünde von Herzog Heinrich Rohan». Der starb 1638 in deutschen Kriegsdiensten. Nach Frankreich hatte er sich nicht zurückgetraut.

Gehzeit: «1 Stunde» bezieht sich auf die Strecke Landquart Bahnhof – Malans ohne Besichtigung der Schanze.
Lektüre: Der Roman «Jürg Jenatsch» (1876) von Conrad Ferdinand Meyer erzählt die Geschichte ebenso ausführlich wie eigenwillig. Unter http://de.wikipedia.org/wiki/Veltliner_Protestantenmord und den weiterführenden Links findet man weitere historische Information.

50 Der Vogelgrippe zum Trotz

Von Döttingen aus um den Klingnauer Stausee in 2 Stunden
Karte auf der Seite 141

Auf dem Klingnauer Stausee landet Federvieh aus aller Herren und Damen Ländern; er gilt als bedeutendes Vogelparadies. Das klingt heutzutage reichlich sinister, klingt wie eine Drohung – und doch bin ich im Rahmen einer kolumneninternen Güterabwägung zum Entscheid gekommen, die Rundwanderung um den See zu propagieren, nachdem ich dasselbe Unterfangen vor einiger Zeit noch verwarf. Zwar ist die Vogelgrippe immer wieder in den Schlagzeilen, doch beurteilen wir die Gefahr nüchterner, relativer als auch schon; vorbei ist jene allgemeine Hysterie, die im Herbst 2005 auch mich packte, weswegen ich im WELTWOCHE-Kaffeeräumchen schrie: Ich will jetzt sofort Tamiflu, so helft mir doch!

Schon die Anfahrt ist schön. So ab Turgi, beim nationalen Wasserschloss, wo Reuss und Limmat sich in der Aare auflösen, kommt mit Hügeln und Minibergen Dramatik ins Gelände. Vom Bahnhof Döttingen aus erreichen wir in fünf Minuten das Südende des in den Dreissigern durch Stauung der Aare entstandenen Dreikilometersees, einer träg strömenden Wasserfläche mit einigen Schilfinseln.

Wo sind jetzt die Vögel? Von den riesigen Flatterscharen meiner Alpträume finden wir *sur place* bloss einige Entenminigeschwader, denen ich gern das alte Brot verfüttern würde, das ich leider zu Hause vergessen habe.

Der schnurgerade Weg, bei Bikern und Skatern sehr beliebt und samt seinem Pendant am anderen Ufer rollstuhltauglich, führt gen Norden. Unweit von Koblenz überqueren wir den See auf dem Wehr des Kraftwerkes, hinter dessen Scheiben riesige Generatoren von Brown Boveri im typischen alten Industriedunkelgrün zu sehen sind.

Später, der Retourweg ist zur Hälfte absolviert, lädt das Restaurant Oase zur Einkehr. Bemerkenswert rechter Hand die Kirche von Leuggern im neogotischen Stil, errichtet vor gut 150 Jahren. Wer etwas wirklich Altes sehen will, das übrigens auch bei Kindern garantiert ankommt, der begibt sich von Döttingen aus per Zug ins nahe Zurzach. Dort gibt es erstens die Verenakirche zu bestaunen, deren Langhaus romanischen Ursprunges ist. Und zweitens ist in der Krypta der Sarkophag der heiligen Verena aufgebaut, die 344 nach vielen Wundertaten verstarb.

Hin und zurück: Bahnlinie Baden – Zurzach.
Höhendifferenz: Praktisch keine. «Oase»: immer geöffnet.

Andacht an der Steilwand

51

Von Oberiberg zur Lourdesgrotte und retour in 2 Stunden

Karte auf der Seite 140

Pater Xaver, den ich telefonisch um Informationen zur Oberiberger Lourdesgrotte angehe, sagt mir, diese sei seines Wissens aus dem Bedürfnis entstanden, zu danken, dass wir Schweizerinnen und Schweizer im letzten Krieg verschont blieben. 1951 sei sie eingeweiht worden. Und ja, pflichtet mir der Pfarrer von Oberiberg bedächtig bei, als ich von der Schönheit der Landschaft zu schwärmen beginne: Die Grotte liege in der Tat herrlich, eben darum pilgere an manchen Wochenenden das Volk in Scharen hinauf.

Ich gehe an einem Montag zur Grotte, es schneielt, und ich sehe keinen Menschen ausser einem kleinen Mädchen, das mit seinem Trottinett vor einem Haus steht und mir von weitem «hoi» zuruft. Umso mehr packt mich die Landschaft: der Spitz des Gross Schijen nah der Ibergeregg, der Druesberg mit seiner flachen Oberkante wie eine alte Kommode, der sanfte Brünnelistock-Grat.

Der gut beschilderte Weg ist weder lang noch schwer; vierzig Minuten ab der Kirche zuoberst im Dorf reichen, wobei man erst auf Teer läuft, dann auf Kies, dann auf Naturboden durch ein Wäldchen. Auf den letzten fünf Minuten geht es einer 300 Meter abfallenden Felswand entlang, die man weniger sieht als ahnt. In der Tiefe ist der Boden des Waagtals zu sehen.

Dann bin ich da. In der mit Kalkstein ausgekleideten Grotte wacht hinter Gittern die Muttergottes. Das liebevoll gepflegte Ensemble zitiert wie die anderen Lourdesgrotten die Vita des Mädchens Bernadette Soubirous, dem 1858 bei der Grotte Massabielle in Lourdes erstmals Maria erschien. Pardon: erschienen sein soll, denn ich bekenne an dieser Stelle trotzig, dass ich nicht an den Marienwunderkram glaube. Ich bin schliesslich Protestant.

Und doch – als ich zurücklaufe, spüre ich, dass die Grotte mich gerührt hat. Wie mit dem Zwiespalt spiritueller Begehrlichkeit versus aufgeklärte Abgeklärtheit umgehen? Bürokollegin Nina erteilt, als ich ihr das Dilemma am nächsten Tag schildere, meinem inneren Kind grosszügig Absolution: «Ist doch schön, Thomas, wenn man sich das bewahren kann.»

Danke Nina, wir lassen das so stehen, und in diesem Sinne frohe Weihnachten!

Hin und zurück: Buslinie Einsiedeln – Oberiberg. Höhendifferenz: Je zirka 200 Meter. Einkehr: Gut ist der «Hirschen» bei der Kirche Oberiberg. Ruhetage je nach Saison. 055 414 11 14.

52 Geradeaus in die Psychedelik

Von Schmerikon dem Linthkanal entlang nach Ziegelbrücke in 4 Stunden

Karte auf der Seite 142

«Gfrörer» nannte man in der Linthregion früher die Malaria. Denn mit dem Fieber kommt der Schüttelfrost. Bevor die Linth auf Betreiben des Zürcher Staatsmannes Hans Konrad Escher ab 1807 kanalisiert wurde, erstreckte sich zwischen Zürichsee und Walensee ein Ried, das immer wieder überschwemmt wurde und zum malariösen Sumpf verkam. Das eher vogel- als menschenfreundliche Gebiet war durch die Verlandung des vor tausend Jahren noch intakten Tuggenersees entstanden.

Soweit im Zeitraffer die Geschichte der Linthregion und ihrer Meliorierung gemäss den «Glarner Überschreitungen», einem gerade in seiner historischen Kundigkeit sehr valablen Wanderführer. Nun aber zu meiner Route: Die Strecke von Schmerikon nach Ziegelbrücke Bahnhof ist das Gegenteil einer Gebirgsstrecke; auf gut 13 Kilometer Distanz in der Waagrechten beträgt die Höhendifferenz nur 15 Meter (aufwärts). Am Bahnhof Schmerikon legen wir los, unterqueren die Geleise, halten vorerst auf Uznach zu, biegen nach der Unterführung mit dem äusserst lustigen Sprayergraffito «Art not Wandalism» nach rechts ab. Beim Schloss Grynau neben der Kanalbrücke, der früheren Zollstation zwischen den Kantonen St. Gallen und Schwyz übrigens, ist im gleichnamigen Gasthof Gelegenheit für eine erste Rast.

Jetzt beginnt ein in seiner Simplizität bestechender Abschnitt. Rechter Hand liegt der Linthkanal, linker Hand ein Nebengewässer, dazwischen marschiert man auf erhöhtem Kiesweg drei Stunden geradaus und nur geradaus, wobei alle drei-, vierhundert Meter mal ein Weltkriegsbunker vorbeiwischt. Nach Benken/Giessen, wo man im «Sternen» einen zweiten Halt einlegen kann, macht sich die A3 bemerkbar, die nun rechts in relativer Nähe parallel zum Kanal verläuft. Dem Autorauschen zum Trotz breitet sich im Geher eine eigentümliche Ruhe aus. Wenn es einen Weg gibt, auf dem man nach Art des sonntäglichen Bürgers im 18. Jahrhundert mit auf dem Rücken verschränkten Händen sinnierend einherschreiten kann, dann diesen. Die kinetische Monotonie ist in ihrer Wirkung aufs Gemüt schon fast psychedelisch zu nennen.

Ruhetage: «Schloss Grynau» Dienstag ab 14 Uhr und Mittwoch. «Sternen» Dienstag. Buch: François Meienberg, Glarner Überschreitungen. Rotpunkt, 2002.
Besonderes: Der Weg ist kinderwagen- und velotauglich.

Anmerkungen zu den Karten

Sämtliche Karten im Kartenteil sind im Massstab 1:50 000 gehalten; zwei Zentimeter entsprechen also einem Kilometer. Die Ausrichtung der Karten ist die übliche: oberer Buchrand gleich Norden, unterer Buchrand gleich Süden. Bei der Schreibweise einzelner Flurnamen kann es, da Varianten existieren, zu Abweichungen zwischen Kolumne und zugehöriger Karte kommen.

Bei den Winterwanderrouten 1 bis 13 sind vor Ort Abweichungen gegenüber der Karte möglich, da die Touristiker einzelne Wege je nach Schneeverhältnissen jede Saison anders spuren. Man beachte die Signalisation im Gelände: Winterwanderwegweiser und die dazugehörigen Pfosten und Stangen sind in der Regel pink. Allerdings halten sich nicht alle Regionen an die Konvention. Viele Tourismusgebiete bieten Gratisbroschüren mit den aktuellen Schneerouten.

Sicherheit und Planung: Man wandere möglichst nicht allein, weiche nicht unmotiviert vom signalisierten Weg ab, gehe generell keine Risiken ein und nehme Anzeichen von Schwäche jederzeit ernst. Und man wandere nie ohne ausreichend warme Kleidung und Proviant (Esswaren und Getränke). Ein Handy kann in der Not helfen (versagt aber oft genau dann). Für den Abstieg, speziell in gerölligem oder feuchtem Gelände, sind Teleskopstöcke empfehlenswert. Nützlicher als ein Kompass ist meist ein Höhenmesser. Im übrigen lohnt es sich, auf www.sbb.ch die Rückreise zu planen, bevor man loswandert, da – vor allem in den Bergen – manche Buslinien nur spärlich bedient sind.

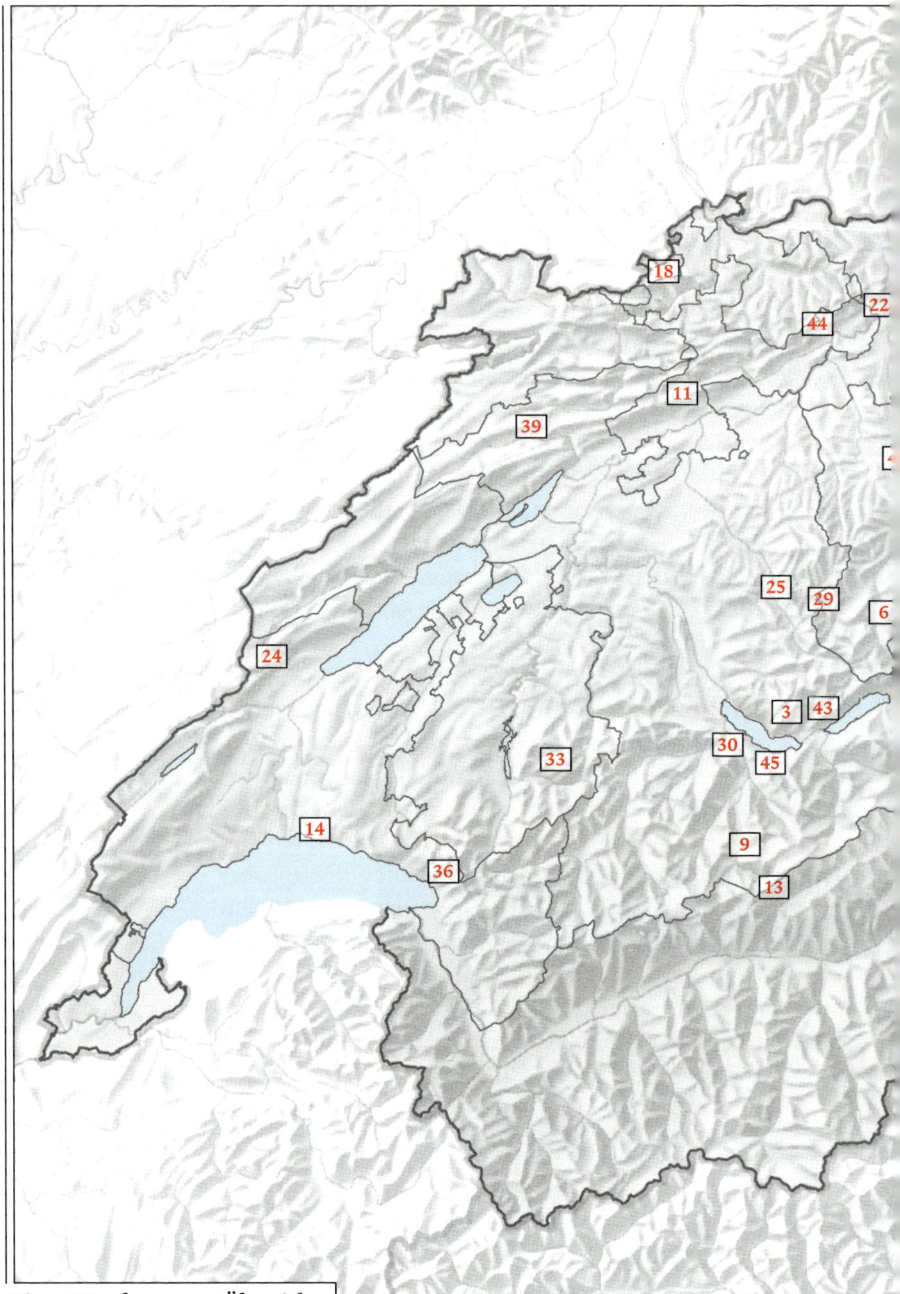

Die 52 Wanderungen: Übersicht

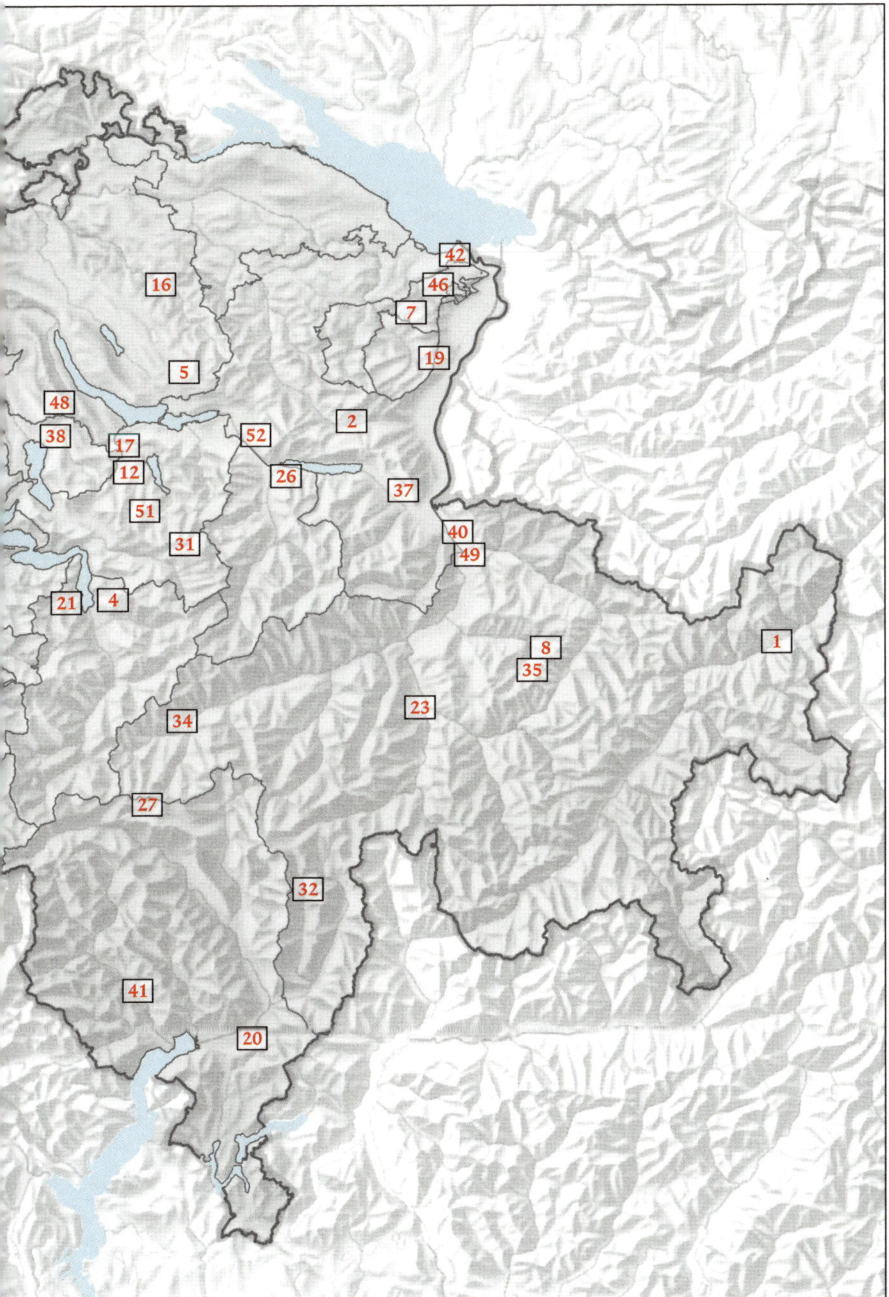
42
46
16
7
19
5
48
2
38
52
17
26
12
37
51
40
31
49
4
21
8
1
35
23
34
27
32
41
20

1 – Von Lavin nach Scuol – *Text auf Seite 21*
Start: Bahnhof Lavin / Ziel: Bahnhof Scuol / ① Ruinen der ‹fiskalischen Taverne›

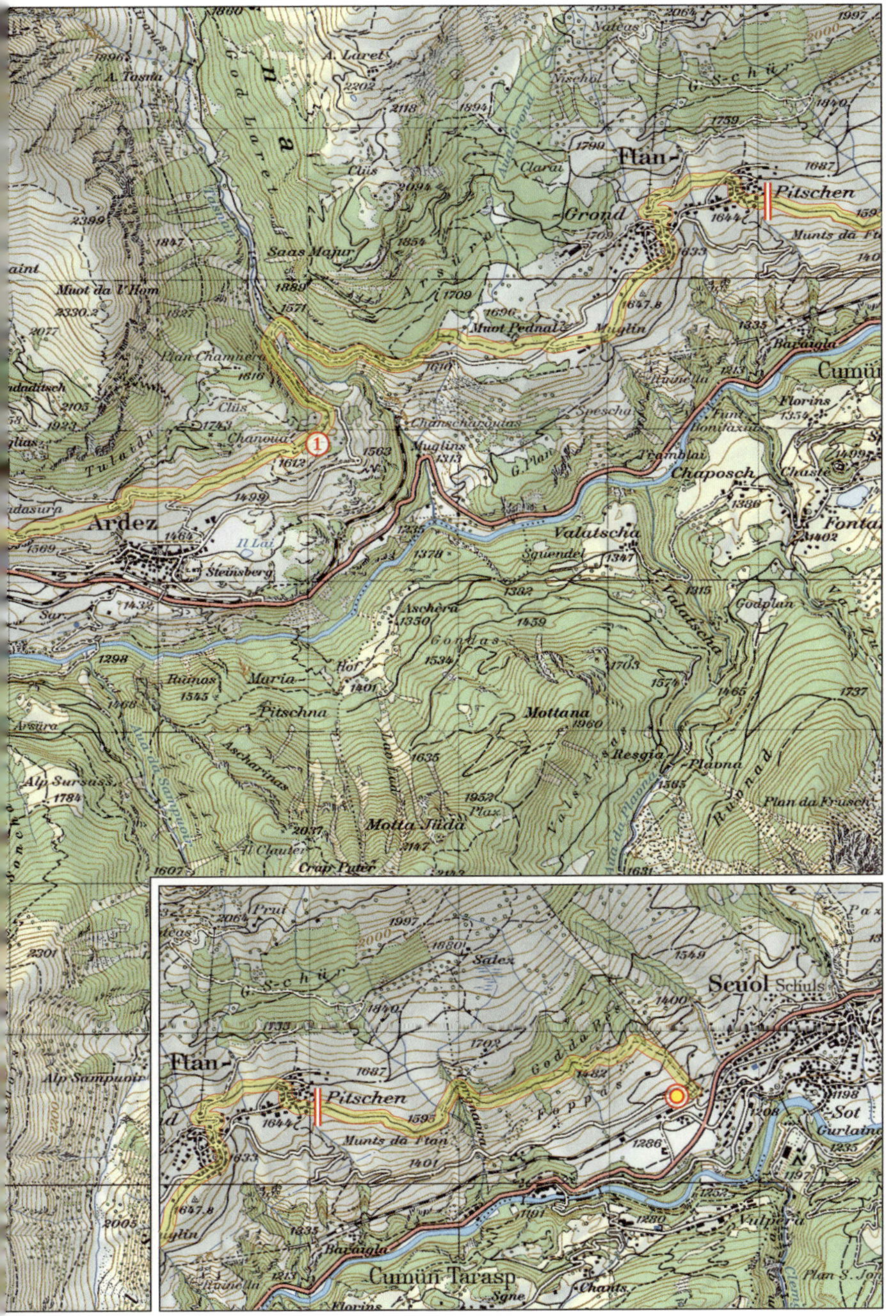
Ftan
Pitschen
Grond
Muot Pednal
Muglin
Baraigla
Cumün
Saas Majur
Muot da l'Hom
Plan Chamnera
Chanoua
Tulaida
Ardez
Steinsberg
Il Lai
Muglins
Chanscharoulas
Valatscha
Sguendel
Chaposch
Florins
Tramblai
Fontana
Godplan
Aschèra
Goddas
Maria-Pitschna
Ruinas
Mottana
Resgia
Plaona
Alp Sursass
Ascharinas
Motta Jüda
Crap Puter
Alp Sampuoir
Plan da Frusch
Seuol Schuls
Salez
Munts da Ftan
Foppas
Sot
Gurlaina
Vulpera
Cumün Tarasp
Chants
Sgne
Florins
Plan S. Jon

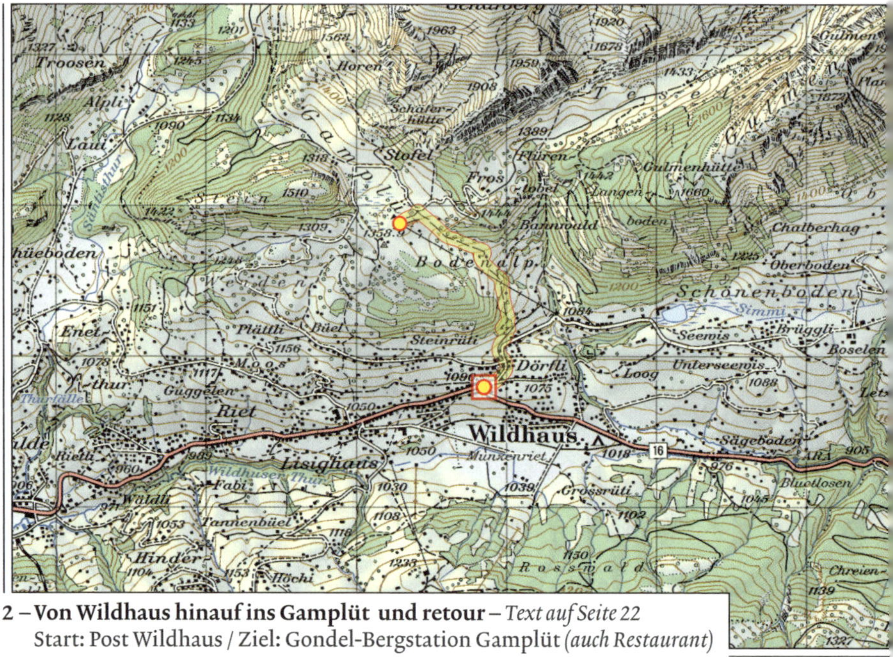

2 – **Von Wildhaus hinauf ins Gamplüt und retour** – *Text auf Seite 22*
Start: Post Wildhaus / Ziel: Gondel-Bergstation Gamplüt *(auch Restaurant)*

4 – **Von den Eggbergen nach Biel** – *Text auf Seite 24*
Winterwanderung Eggberge – Fleschseeli/Hüenderegg
Schneeschuhweg in 2 Etappen: 1. Eggberge – Fleschseeli/Hüenderegg
2. Fleschseeli/Hüenderegg – Ruogig – Biel / Restaurants auf Eggberge und Biel

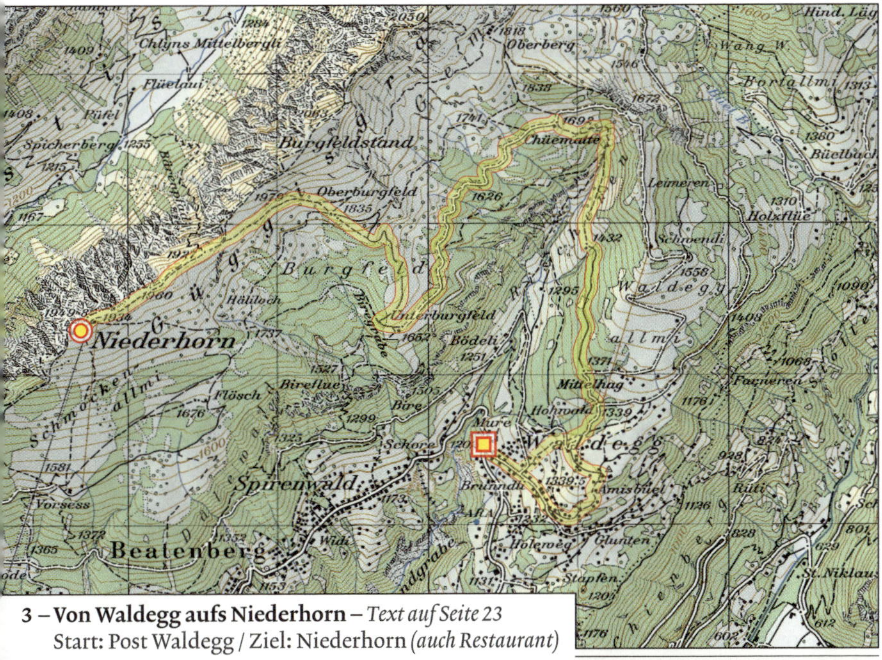

3 – **Von Waldegg aufs Niederhorn** – *Text auf Seite 23*
Start: Post Waldegg / Ziel: Niederhorn *(auch Restaurant)*

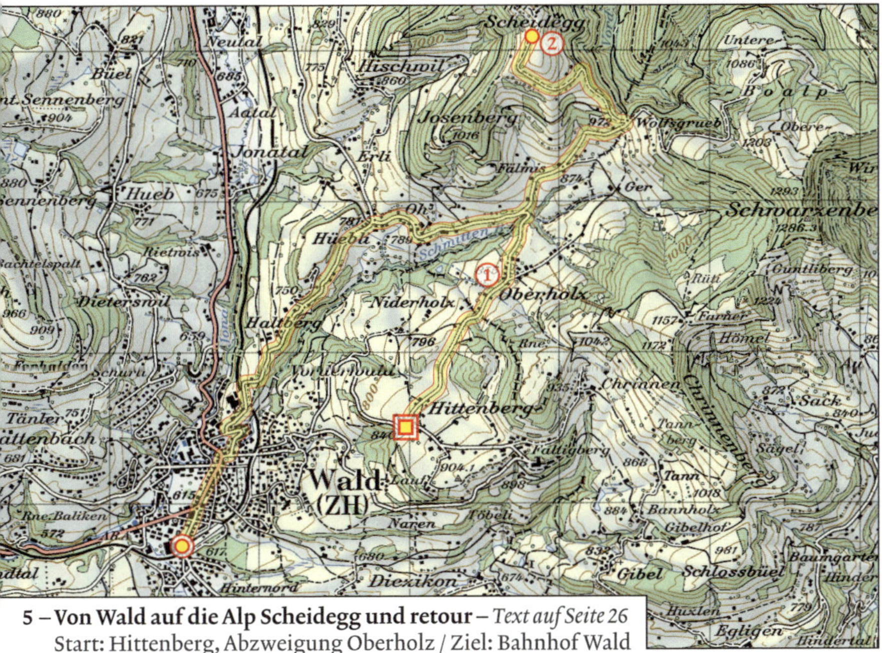

5 – **Von Wald auf die Alp Scheidegg und retour** – *Text auf Seite 26*
Start: Hittenberg, Abzweigung Oberholz / Ziel: Bahnhof Wald
① Oberholz: «Kantonsgrenze» und Kapelle *(schönes Bauwerk)* ② «Alp Scheidegg»

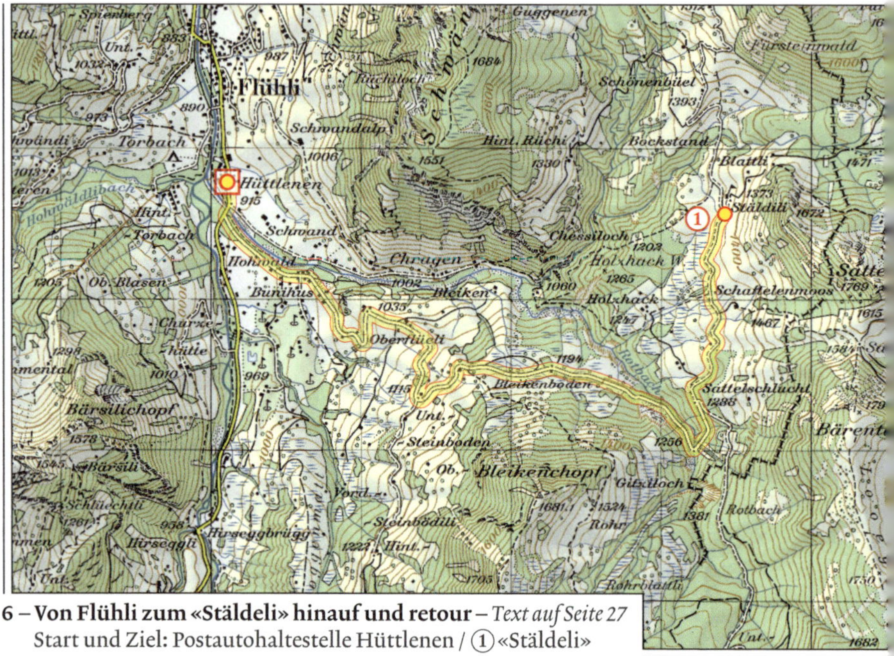

6 – **Von Flühli zum «Ständeli» hinauf und retour** – *Text auf Seite 27*
Start und Ziel: Postautohaltestelle Hüttlenen / ① «Ständeli»

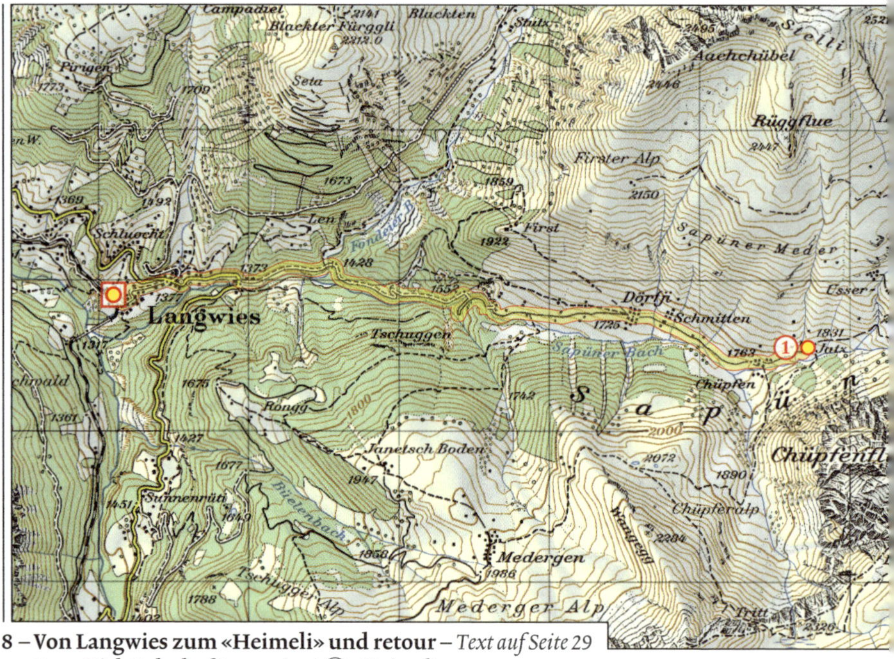

8 – **Von Langwies zum «Heimeli» und retour** – *Text auf Seite 29*
Start/Ziel: Bahnhof Langwies / ① «Heimeli»

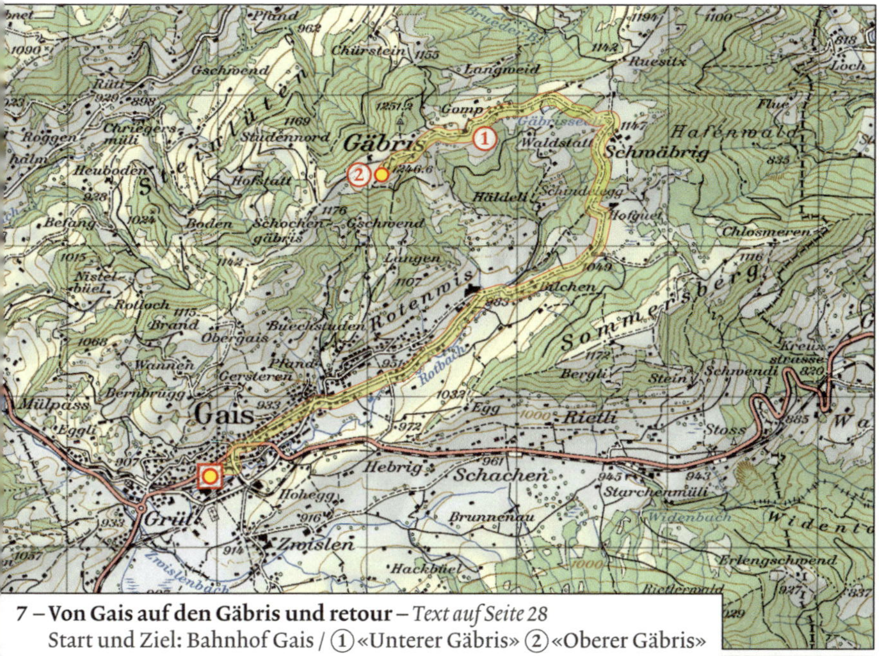

7 – **Von Gais auf den Gäbris und retour** – *Text auf Seite 28*
Start und Ziel: Bahnhof Gais / ① «Unterer Gäbris» ② «Oberer Gäbris»

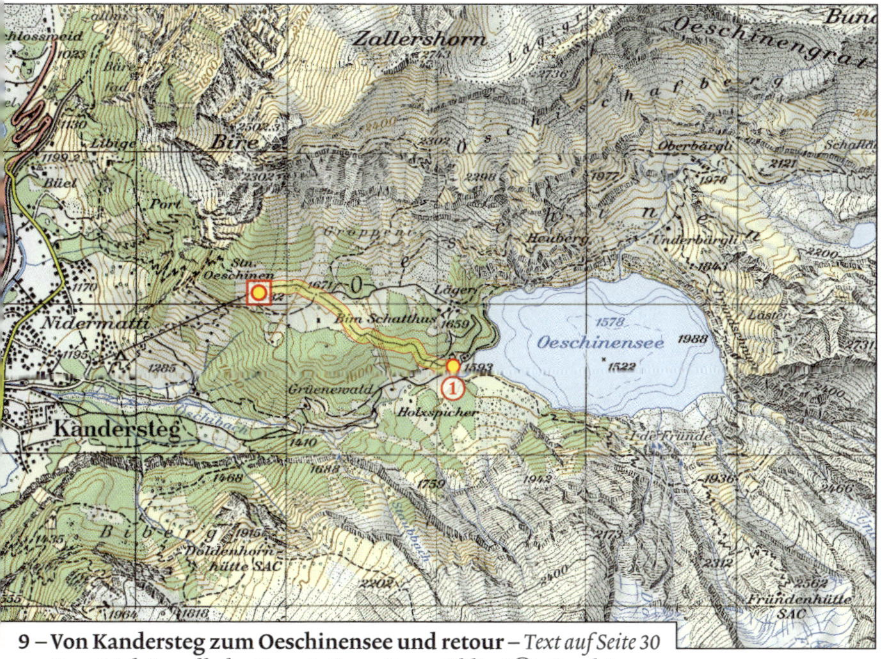

9 – **Von Kandersteg zum Oeschinensee und retour** – *Text auf Seite 30*
Start/Ziel: Sesselbahn Bergstation, «Bergstübli» / ① «Oeschinensee»

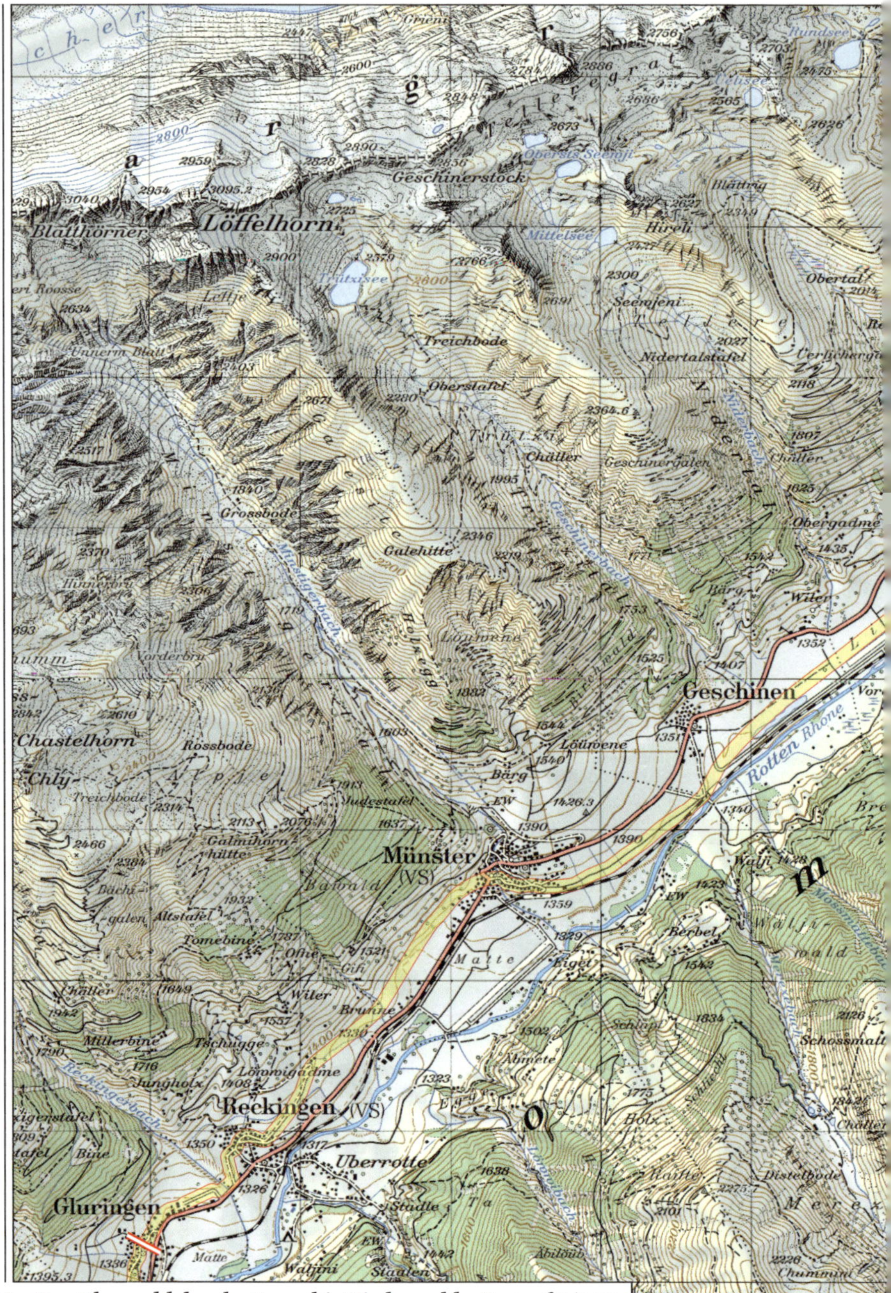

10 – **Von Oberwald durchs Goms bis Niederwald** – *Text auf Seite 32*
Start: Bahnhof Oberwald / Ziel: Bahnhof Niederwald / ① Ritz-Brunnen

Oberwald
Unterwassern
Gestler
Grimsle
Unnerbodme
Jungstafel
Gfeli
Höstette
Gadestatt
Obergesteln
Matte
Zwinge
Zum Loch
Senntumhitte
Ninhitte
Randstafel
Blasewald
Üerlicherblase
Mällige
Oberwalderblase
Blasestafel
Breitwald
Gintrige
Löüwene
Bawald
Lääb
Gere
Geisshitte
Flescheltoäre
Hungerberg
Griewald
Tabel
Holiecht
Blashorn
Kittbrigg
Kitt
Wichel
wald
Glurigen
Matte
Ritzingen
Biel
Selkingen
Gde. Grafschaft
Bieligermatte
Chastebiel
Fasserwald
Urschgestafel
Blitzingen
Bodme
Lärch
Zeit
Wiler
Ammere
Chaste
biel
Niederwald
Rottenbrigge
Höstette
Bawald
Ämmeggi
Salzgäbul
Bordstafel
Grathorn
Igschene
Chalbern
Lengsite
Resti

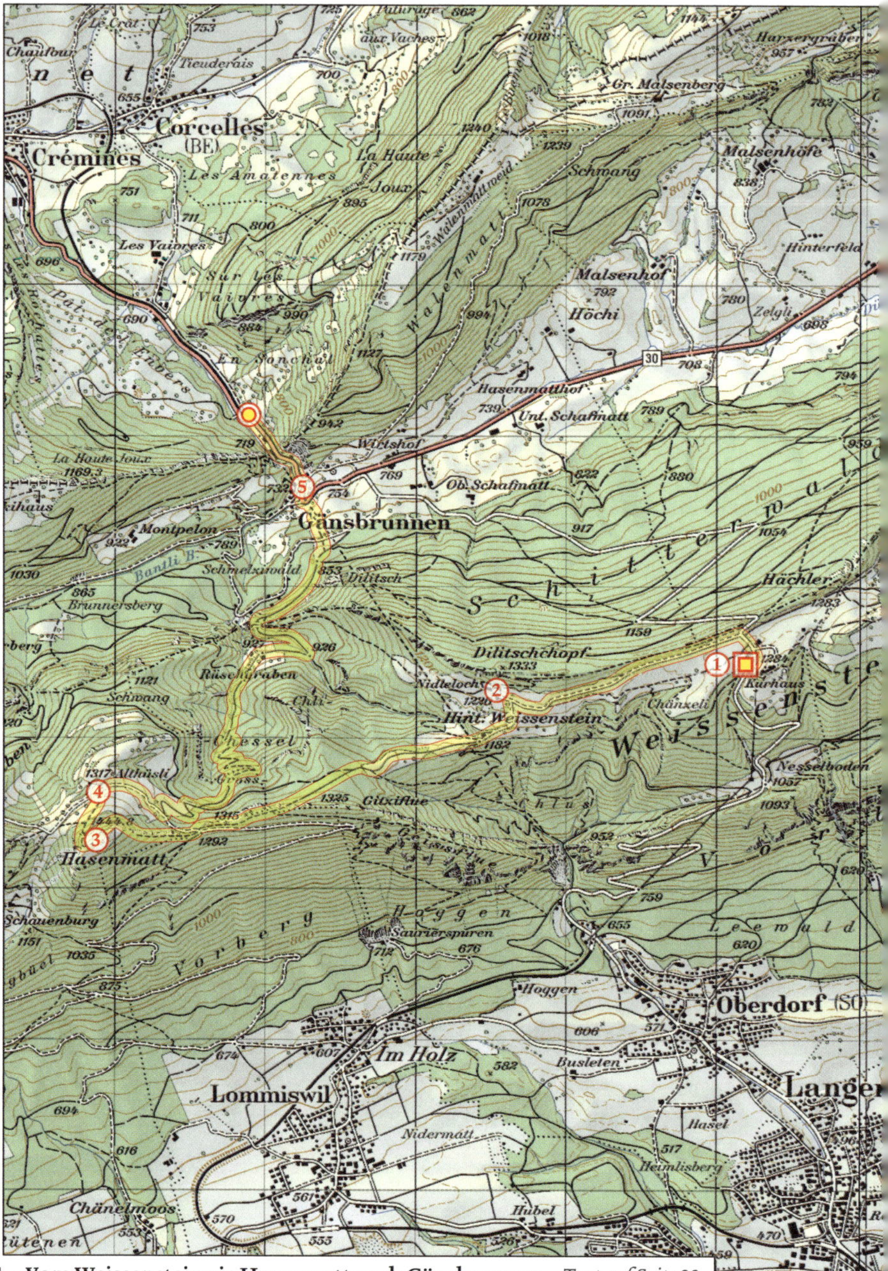

11 – Vom Weissenstein via Hasenmatt nach Gänsbrunnen – *Text auf Seite 33*
Start: Sesselbahn Bergstation / Ziel: Bahnhof Gänsbrunnen
① «Kurhaus» ② «Hinter-Weissenstein» ③ Aussichtspunkt ④ «Althüsli» ⑤ «St. Joseph»

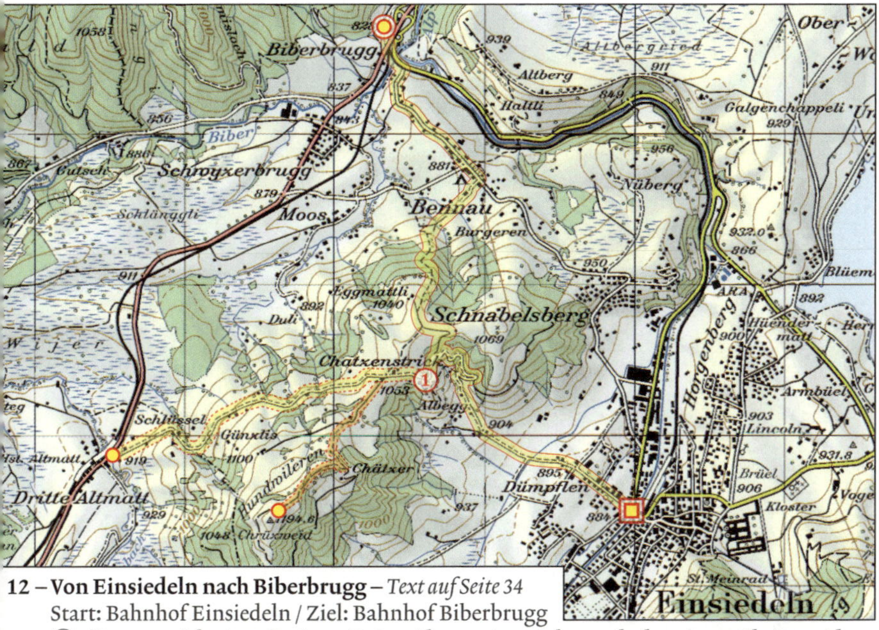

12 – Von Einsiedeln nach Biberbrugg – *Text auf Seite 34*
Start: Bahnhof Einsiedeln / Ziel: Bahnhof Biberbrugg
① «Katzenstrick» / Variante Dritte Altmatt / Schneeschuhvariante Chrüzweid

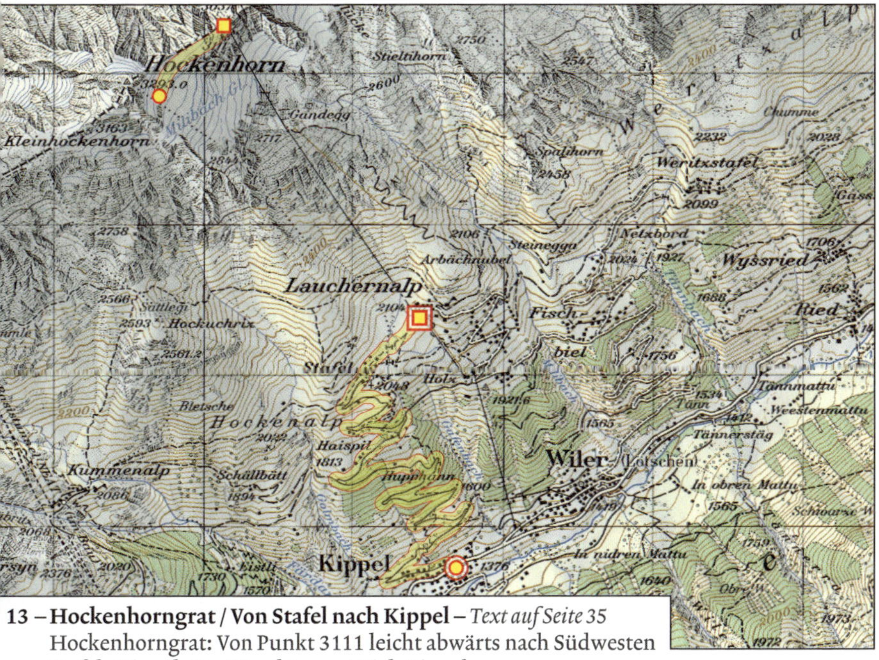

13 – Hockenhorngrat / Von Stafel nach Kippel – *Text auf Seite 35*
Hockenhorngrat: Von Punkt 3111 leicht abwärts nach Südwesten
Stafel–Kippel: Start Punkt 2104 / Ziel: Kippel

14 – Von Lutry nach Lausanne – *Text auf Seite 36*
Start: Bahnhof Lutry / Ziel: Bahnhof Lausanne
① «Le Rivage» in Lutry ② Anwesen «Verte Rive» ③ Musée Olympique

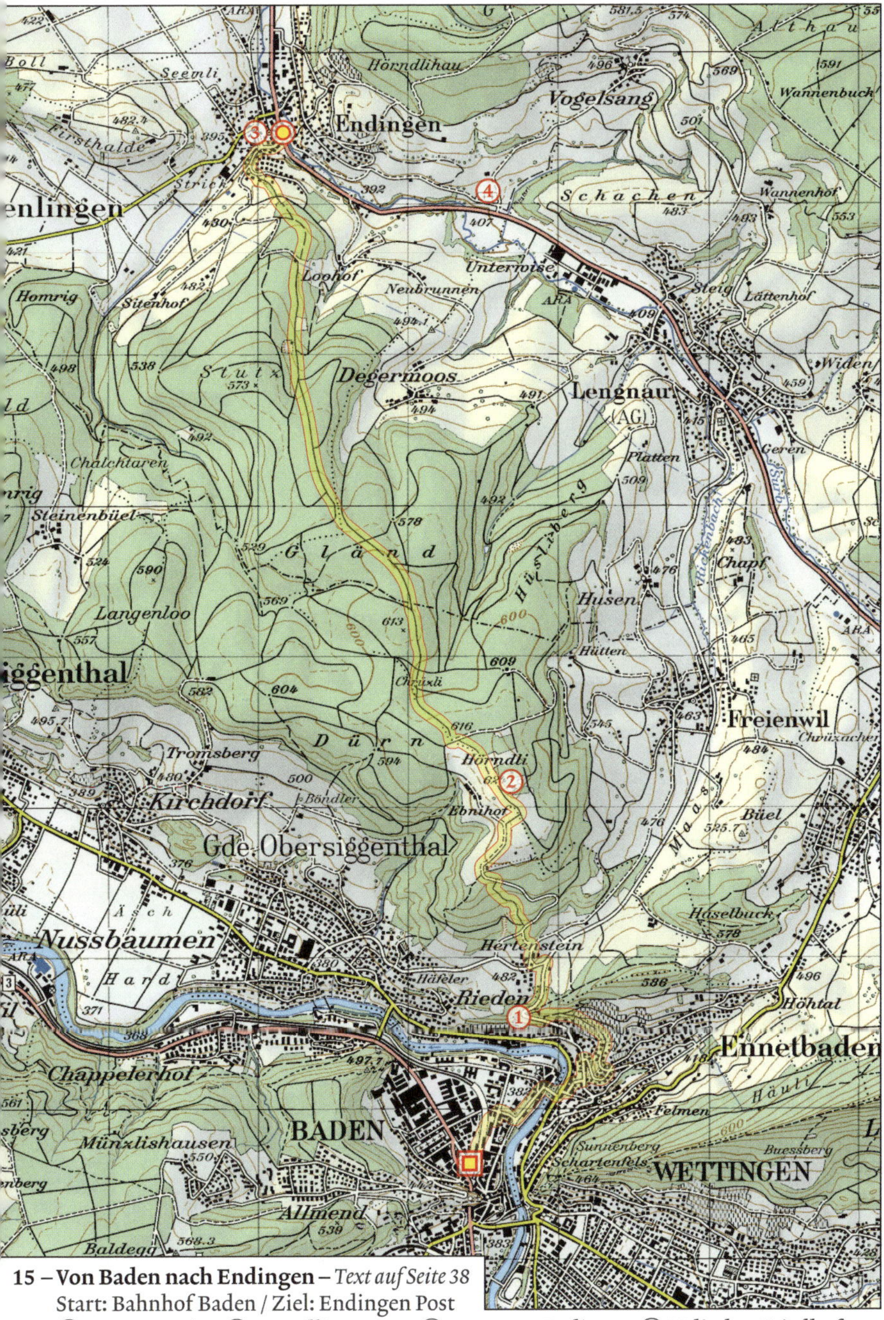

15 – Von Baden nach Endingen – *Text auf Seite 38*
Start: Bahnhof Baden / Ziel: Endingen Post
① «Hertenstein» ② Hörndli-Antenne ③ Synagoge Endingen ④ Jüdischer Friedhof

16 – Von Aadorf nach Turbenthal – *Text auf Seite 39*
Start: Bahnhof Aadorf / Ziel: Bahnhof Turbenthal
① «Schauenberg» ② Aussichtspunkt und Ruine Schauenberg

17 – Von Schindellegi auf den Etzel und nach Einsiedeln – *Text auf Seite 40*
Start: Bahnhof Schindellegi-Feusisberg / Ziel: Bahnhof Einsiedeln
① «Büel» ② «Etzel Kulm» ③ St. Meinrad *(Kapelle u. Restaurant)* ④ Kloster Einsiedeln

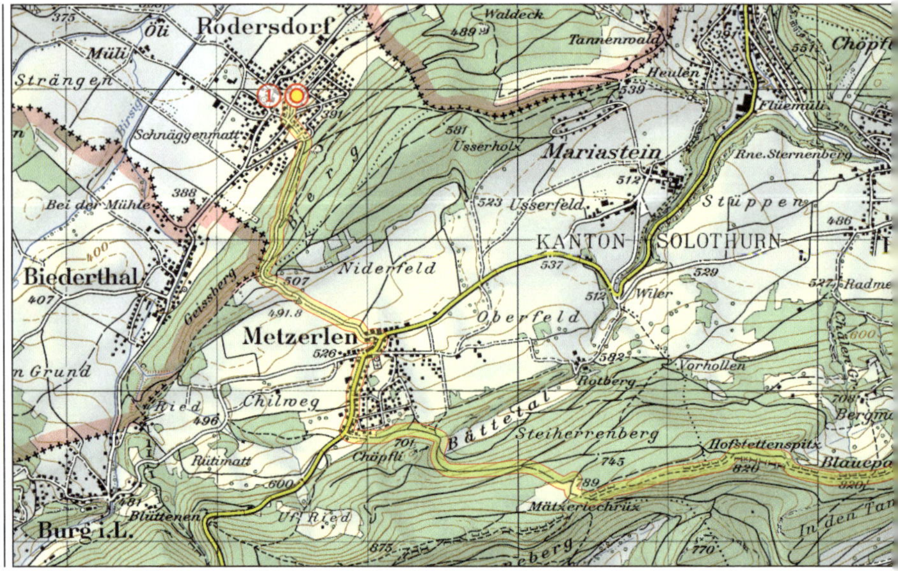

18 – Von Pfeffingen über den Blauen nach Rodersdorf – *Text auf Seite 41*
Start: Bushaltestelle Bergmattenweg in Pfeffingen / Ziel: Endschleife Tram 10 in Rodersdorf
① «Bahnhöfli» bei der Tramschleife

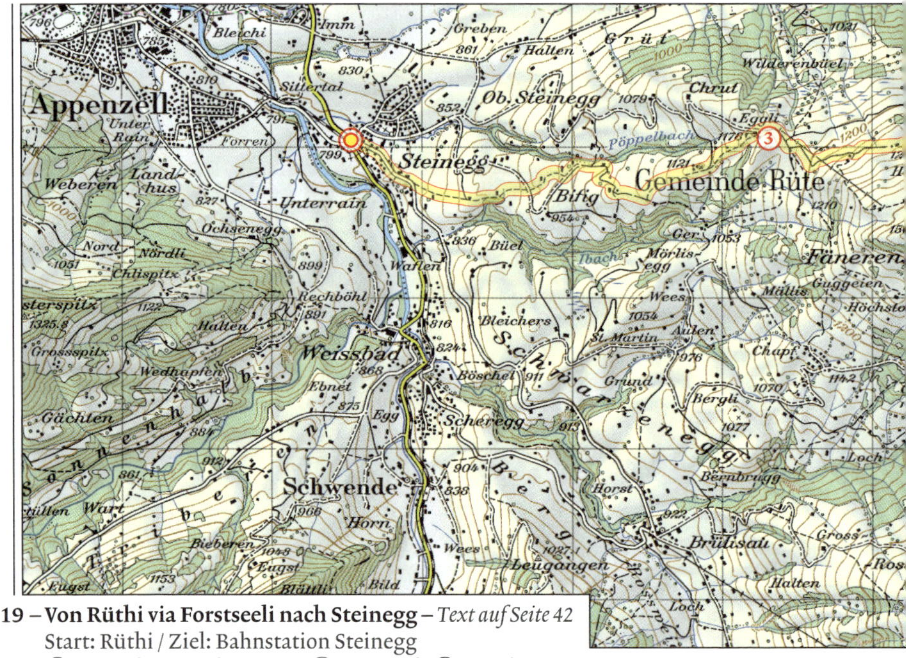

19 – Von Rüthi via Forstseeli nach Steinegg – *Text auf Seite 42*
Start: Rüthi / Ziel: Bahnstation Steinegg
① «Montlinger Schwamm» ② Forstseeli ③ «Eggli»

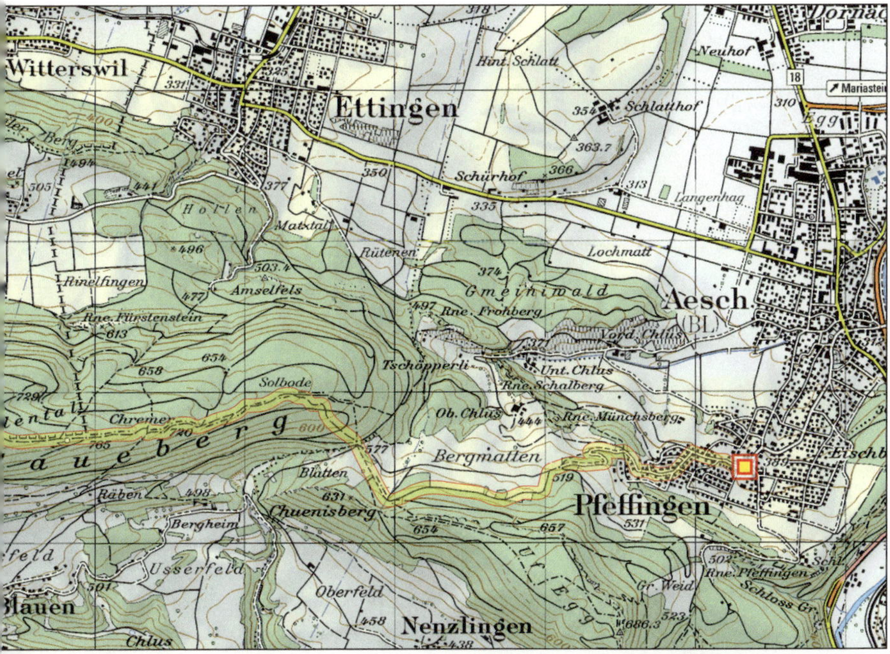
Witterswil
Ettingen
Hint. Schlatt
Neuhof
Schlatthof
Mariastein
Schürhof
Langenhag
Lochmatt
Rütenen
Amselfels
Rinelfingen
Rne. Fürstenstein
Gmeinimald
Rne. Frohberg
Aesch
(BL)
Vord. Chlus
Unt. Chlus
Rne. Schalberg
Tschöpperli
Solbode
Ob. Chlus
Rne. Münchsberg
Bergmatten
Blatten
Chuenisberg
Pfeffingen
Rne. Pfeffingen
Schloss Gr.
Bergheim
Usserfeld
Oberfeld
Nenzlingen
Blauen
Chlus
Chremer

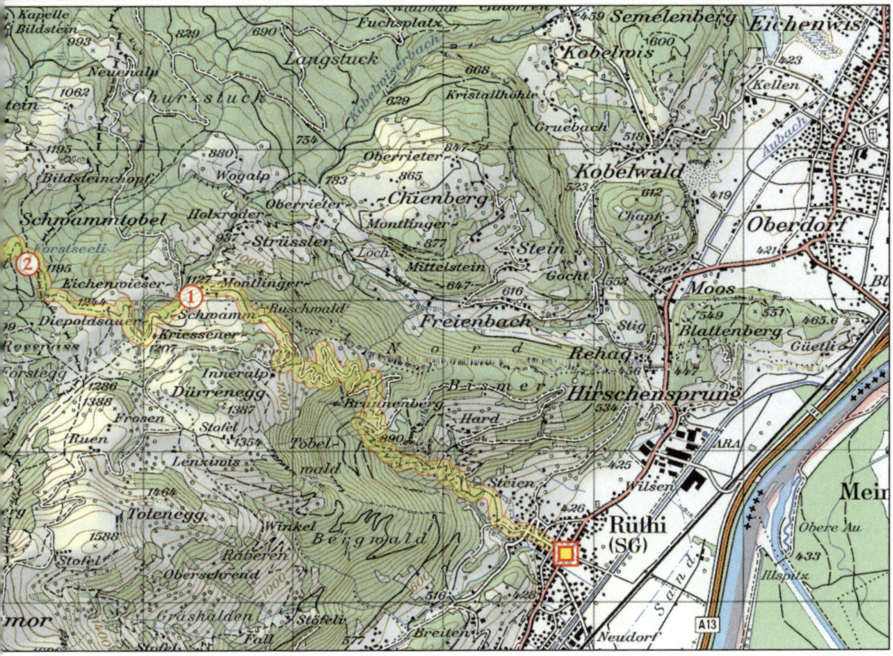
Semelenberg
Eichenwis
Kobelwis
Fuchsplatz
Langstuck
Kobelwiserbach
Kristallhöhle
Kellen
Aubach
Neuenalp
Churzstuck
Gruebach
Oberrieter
Kobelwald
Bildsteinchopf
Wogalp
Chienberg
Chapf
Oberdorf
Schwammtobel
Holzroder
Strüssler
Montlinger
Stein
Mittelstein
Gocht
Moos
Eichenwieser
Montlinger
Ruschwald
Freienbach
Blattenberg
Diepoldsauer
Schwamm
Kriessener
Stig
Güetli
Rehag
Innerالp
Dürrenegg
Brunnenberg
Hirschensprung
Frosen
Stofel
Hard
Ruen
Tobelwald
ARA
Lenzwis
Steinen
Wilsen
Toleneggy
Rüthi
(SG)
Obere Au
Winkel
Bergwald
Räberen
Oberselwend
Illspitz
Grashalden
Stöfeli
Breiten
Neudorf
A13

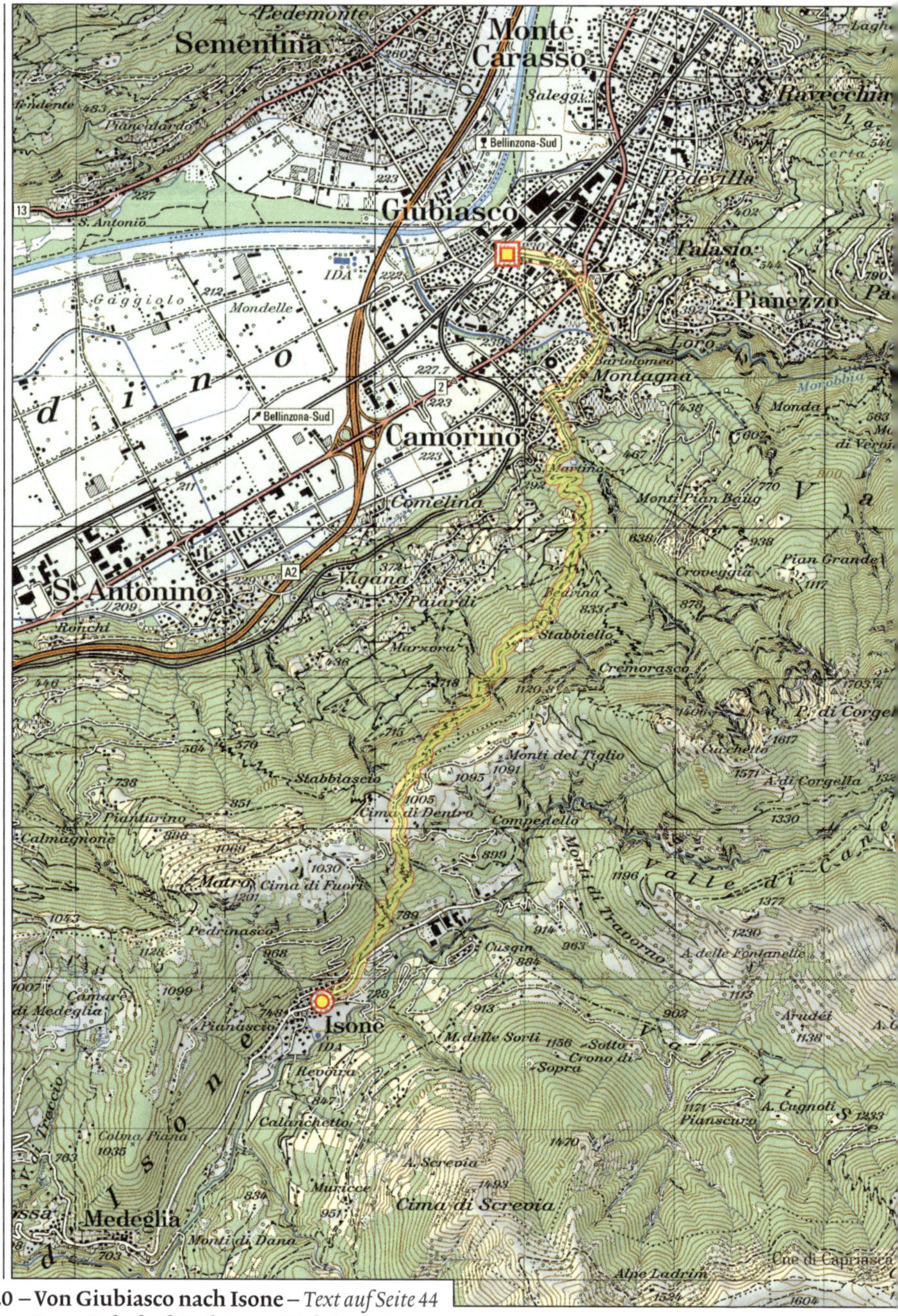

20 – Von Giubiasco nach Isone – *Text auf Seite 44*
Start: Bahnhof Giubiasco / Ziel: Isone Post

21 – Von Flüelen nach Isenthal und Bauen – *Text auf Seite 45*
Start: Bahnhof Flüelen / Ziel: Bauen *(Schiffländе)* / ① Isleten, «Seegarten»

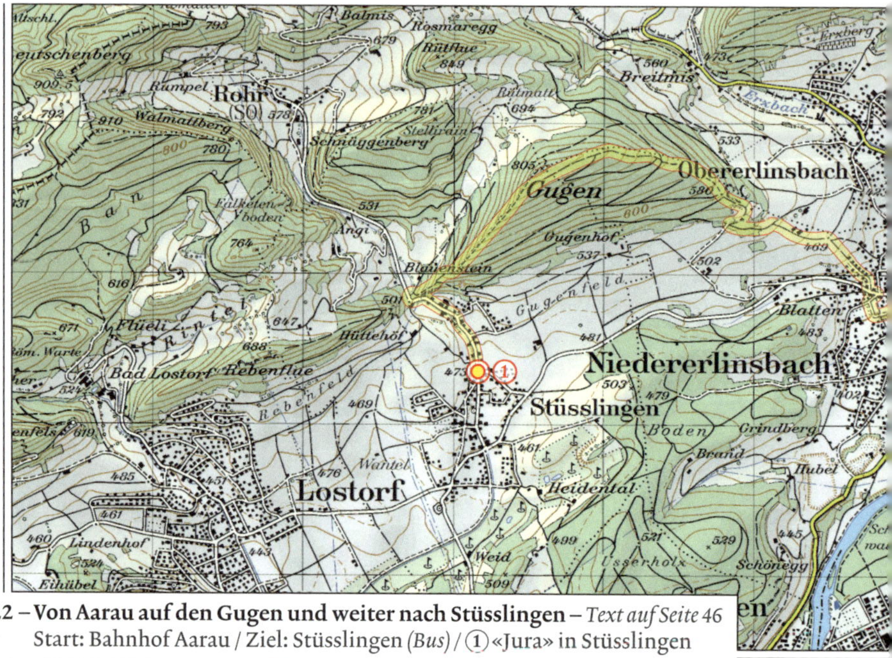

22 – **Von Aarau auf den Gugen und weiter nach Stüsslingen** – *Text auf Seite 46*
Start: Bahnhof Aarau / Ziel: Stüsslingen *(Bus)* / ① «Jura» in Stüsslingen

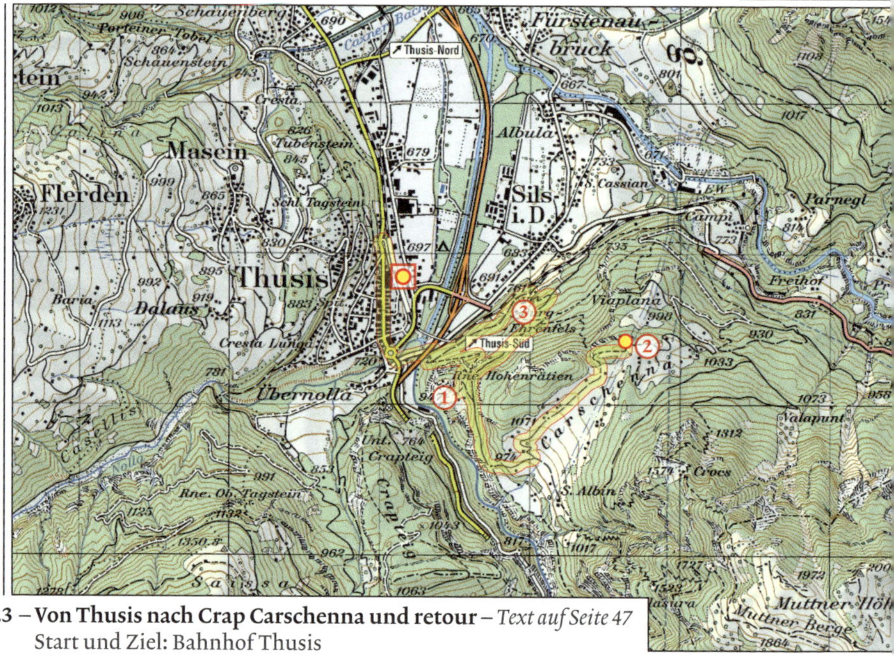

23 – **Von Thusis nach Crap Carschenna und retour** – *Text auf Seite 47*
Start und Ziel: Bahnhof Thusis
① Burgruine Hohen Rätien ② Felszeichnungen von Crap Carschenna ③ Burg Ehrenfels

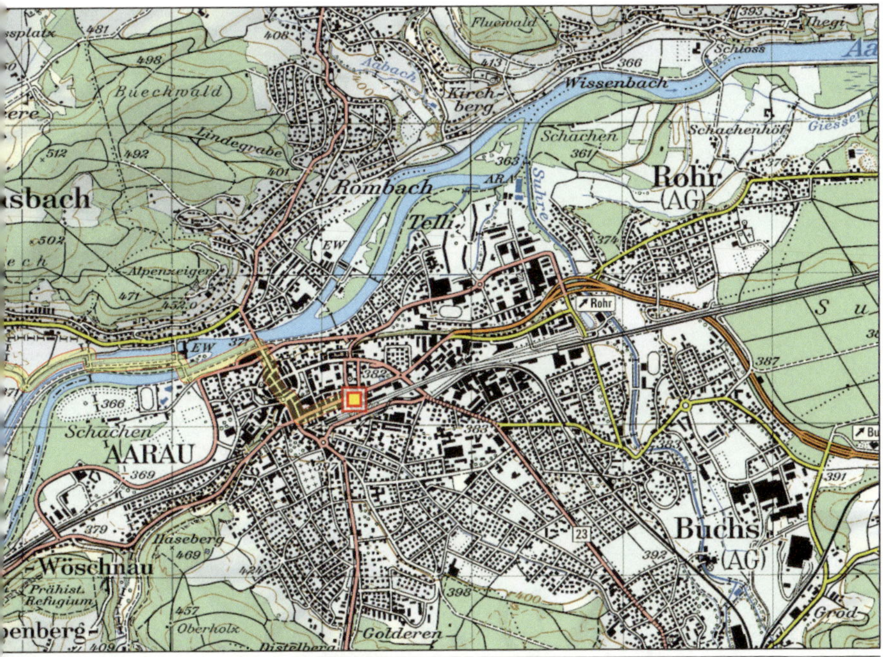

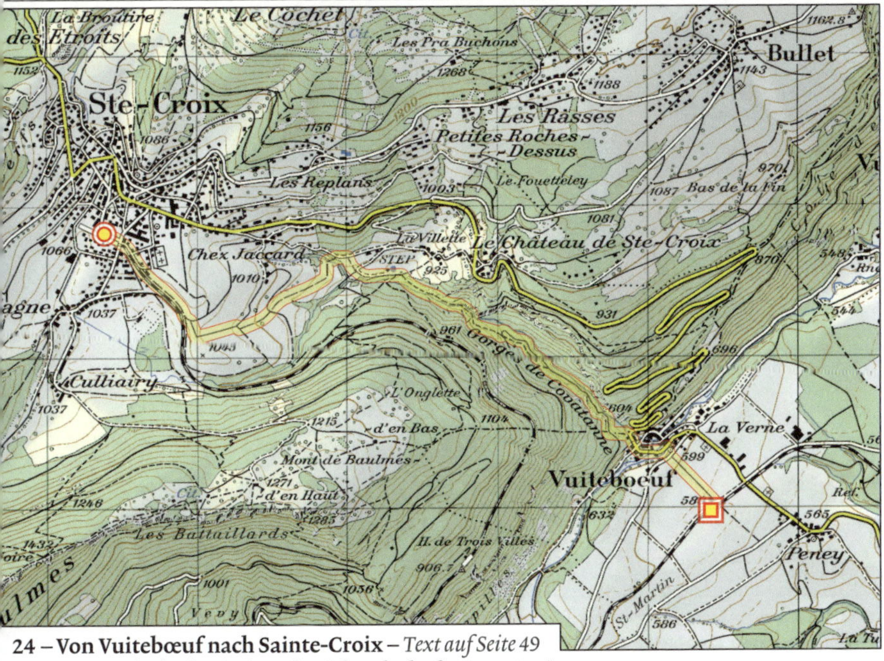

24 – Von Vuitebœuf nach Sainte-Croix – *Text auf Seite 49*
Start: Bahnhof Vuitebœuf / Ziel: Bahnhof Sainte-Croix

25 – Von Eggiwil nach Langnau – *Text auf Seite 50*
Start: Eggiwil / Ziel: Bahnhof Langnau
① «Blapbach» ② Hegenloch *(Tunnel)* ③ «Hochwacht»

26 – Von Filzbach zum Nüenchamm und retour – *Text auf Seite 51*
Start und Ziel: Bergstation Habergschwänd
① «Habergschwänd» ② Punkt 1704: Aussichtspunkt mit Tiefblick

27 – Von der Stazione Piora zum Lukmanierpass – *Text auf Seite 52*
Start: Stazione Piora / Ziel: Passhöhe Lukmanier
① Staumauer *(Restaurant)* ② Gaststätte von Cadagno di fuori ③ «Capanna Cadagno»

Fuorcla Rondadura
2707
P. Rondadura
La Val
2017
2000
1942
V. Rondadura
2200
2418
Lai da Sontga Maria
S c o p i
1971
Puoza dil Sc
2488
3015.7
2741
P. Scai
S c a i
2271
2633
A. Scaione
2189
2341
d l i m o
2092
1924
Cuolm Lucmagn
Passo del Lucomagno
1915
2250
Bolla
2192
Stabbio Nuovo
2240
2014
2400
V. Termine
2068
1931
A. Croce
M o t r ó n
2011
2000
Ooi dell'Uomo
2217
2262
2181
Foppone
Ganoni di Schenadüi
2200
Miniera
2629
1983
1828
Schenadüi
2679
2747
2218
Sorgente del Brenno
A. Pertusio
Passo dell'Uomo
2300
Foppe di Pertusio
Vallone
1990
Ooi dell'Uomo
Segna
2415
2070
2174
1820
2100
2662.9
A. Gana
Piano dei Porci
P. dell'Uomo
1848
2161
Campo Solario
2254
2040
A. Carorescio
2127
Motti
2381
Piano dei Canali
Passo delle Colombe
2131
Piano Grande
2164
Lareccio
Toroi
2204
Pizzo Colombe
2545
Campanitt
2258
2308
G a n o n i
2327
2232
Ri di Lareccio
2376
2110
2323
Passo del Sole
2180
Comasnengo
2505
Toròi di S
2621
Paré di Scut
2542
2375
2386
2764.2
2773
Passo Predèlp
Comasnengo
Pecianett
2592
P. del Sole
P. Predèlp
2293
2200
2662
2667
2402
Pecian
2361
Le Pipe
2400
Bassa di Sòu
P. d'Era
2585
Bitta d'Era
2539
2616
Laghi Chiera
Pian d'Esan
2383
2344
2443
Pian Pecian
2263
2432
Alpe di Chiera
2204
2045
V e n n
A. Sasso Tèi
Chiera
2041
Pian
2038
2012
Val Scura
Spruiett
Pian Cavallo
2077
di Catto 1790
Somprei
Nei Pini
Criarescio
1848
2031

28 – Von Stans aufs Stanserhorn – *Text auf Seite 53*
Start: Bahnhof Stans / Ziel: Stanserhorn *(mit Restaurant)* / ① Ahornhütte

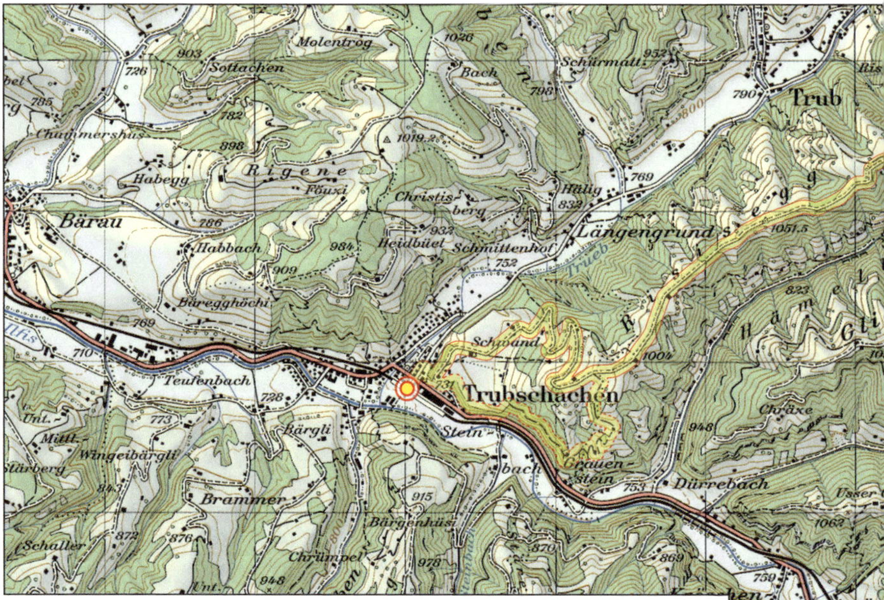

29 – Von Escholzmatt übers Bockshorn nach Trubschachen – *Text auf Seite 55*
Start: Bahnhof Escholzmatt / Ziel: Bahnhof Trubschachen
Abkürzung / ① Bockshorn ② Kiosk Himugüegli

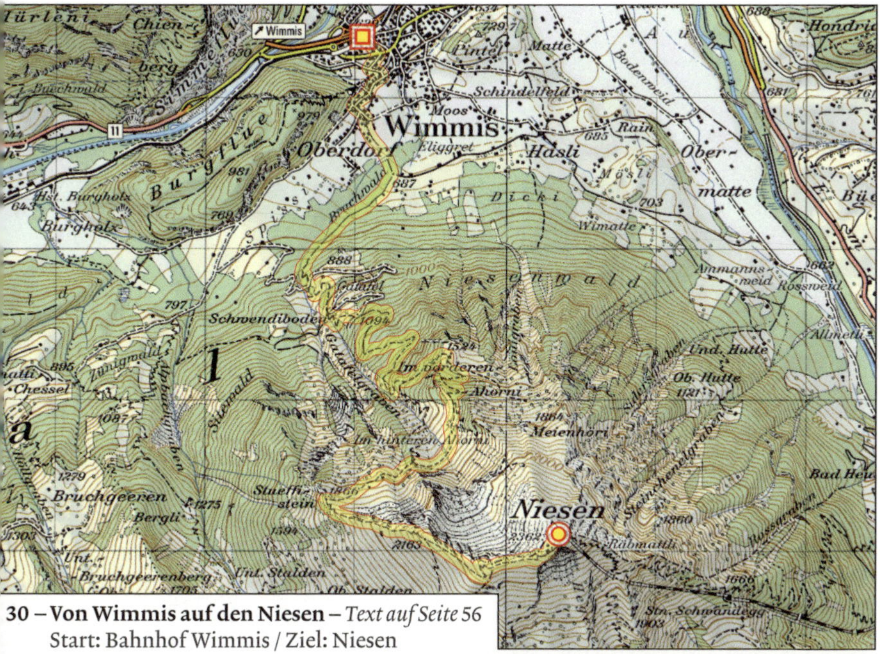

30 – Von Wimmis auf den Niesen – *Text auf Seite 56*
Start: Bahnhof Wimmis / Ziel: Niesen

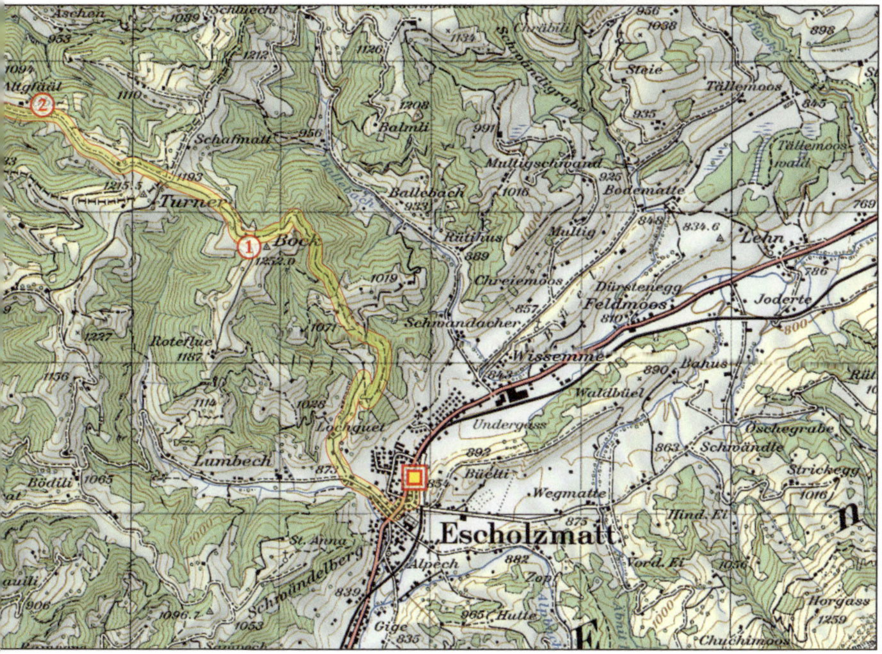

31 – Von Muotathal über den Pragelpass nach Richisau – *Text auf Seite 57*
Start: Muotathal, Hintere Brücke / Ziel: Vorder-Richisau *(Restaurant)*
① Panoramapunkt mit Blick ins Muotatal

Fläschenspitz
Mittler Schwialp
Chilenmatthütte
Lauiberghütte
Biet
Sihlseeli
Saaspass
Lauiberg
Unt. Schwialp
Unter-Saas
Richisauer Wald
Vorder
Hinter
Richisau
Schwamm
Unt. Stafel
Unter-Gampel
Ober-Gampel
Chlön
Eigeli
Schwelaui
Chälen
Alpeli
Schönenbüel
Sulzboden
Biet
Teuf Boden
Mieserenstock
Bietstock
Butzen
Vorder Silberenalp
Pragel
Stafel
Schattgaden
Silberen
Twärenen
Oberist
Underist
Roggenloch
Roggenstöckli
Oberist Hütte
Bödmeren
Schwarz Nossen
Silberenseeli
Hinderist
Spitzibüel
Wolfsbüel
Schluchbüel
Flöschen
Chli Malchtal
Toralp
Gross Malchtal
Gämsiloch
Chratzerenfurggeli
Leiterenstollen
Feissenboden
Abnenmatt
Hint. Brüust
Hindersten Hütten
Mittsten Hütten
Pfannenstock
Ställen
Grüenen
Brunalp

32 – Von Augio über den Passit nach San Bernardino – *Text auf Seite 58*
Start: Augio / Ziel: San Bernardino Dorf

San Bernardino
S.Bernardino
Piz de Mucia
Piz de Confin
Pian de Zurcher
Confin Basso
Pass de Omenit
Alp de Confin
Motton
Ri de Confin
Lago d'Isola
I Rodond
Pass di Passit
Val di Passit
Cima de la Fopela
Fopela
Alp d'Ocola
Ponte Romano
Pizzo d'Arbeola
Pix d'Arbeola
Fil d'Arbeola
Pass de la Gruscia
Bocca de Rogna
Alp d'Arbeola
Piz Deserto
Piz Pian Grand
Bio. Pian Grand
Cima de la Bedoleta
Alta Burasca
Cima de la Duleira
Alp d'Arbea
Bocchetta de la Bedoleta
Piz de Corneira
Piz de Trescolmen
Alp de Trescolmen
Btta de Trescolmen
Val Large
Alp del Large
Acubona
Forcola
Suossa
Caurga
Pignela
Sot
Scot
I Cebi
A13

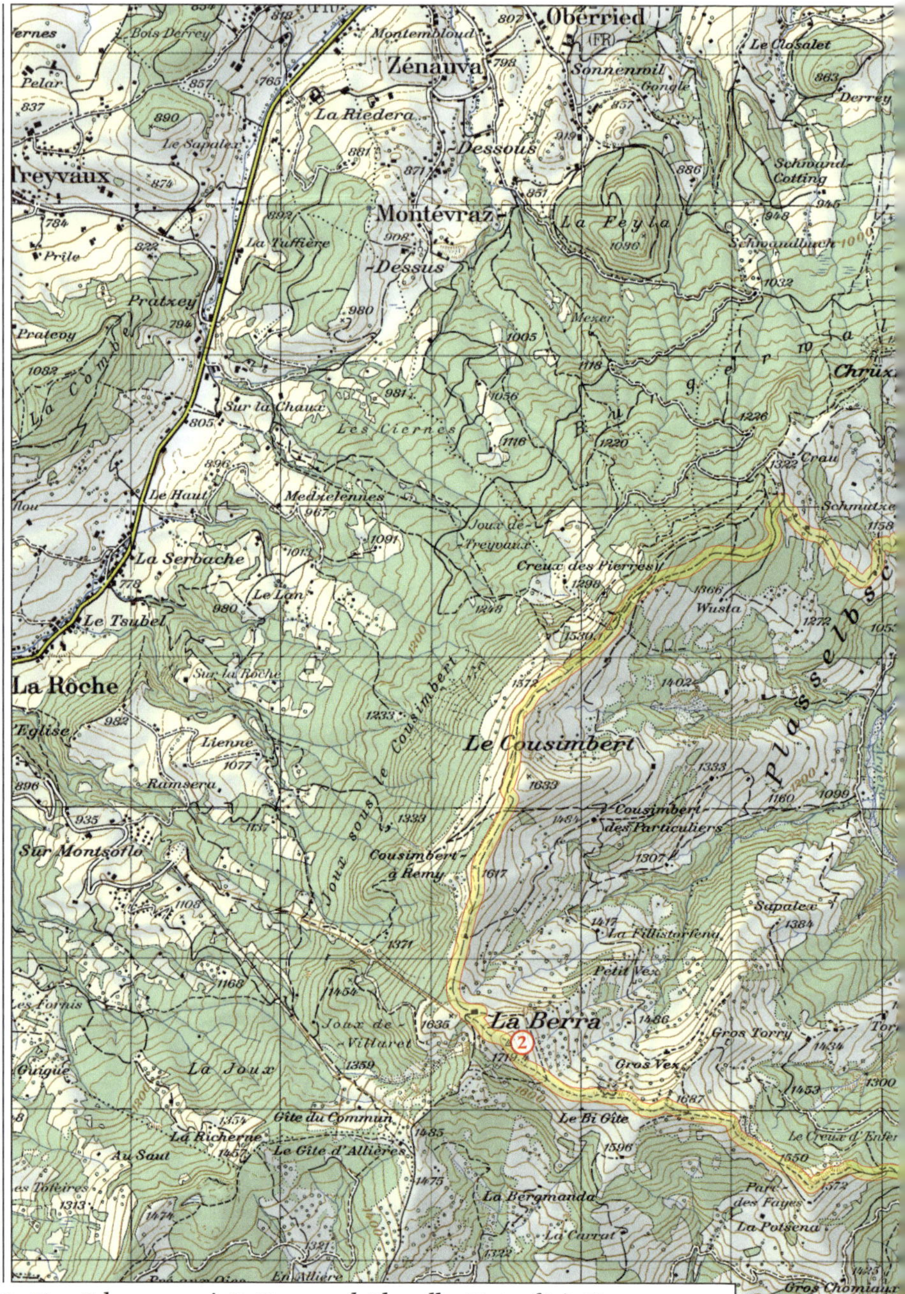

33 – Vom Schwarzsee via La Berra nach Plasselb – *Text auf Seite 59*
Start: Schwarzsee Bad / Ziel: Plasselb / ① «L'Auta Chia» ② Aussichtspunkt La Berra

Plasselb
Plötscha
Muelers
Allmet
Oberschrotwald
Laupers Schmand
Rufenen
Rüti
Vorsessli
Im Chloster
Gmeindwald
Gurtseggli
Zollh
Chnöwis
Blösch
Gurli
Luggiwilera
Herenchnöwis
Unt. Bareta
Chleuwena
Blattisboden
Falli-Hölli
Gross Schwyberg
Sitenberg
Tatüre
Lantera
Liechlena
Schmutzes Schwyberg
Höhi Schwyberg
Poffets Rain
Burleja
Hölli
Hapferen Schwyberg
Schwyberg
Gordey Schwand
Le Grand Paine
Rotenbach
Lägerli
Gross Kapberg
Gropetauli
Mösli
Philiponerwald
Chretza
Gerendacherli
Schlossisboden
Fuchses Schwyberg
Chaspera
Lägerli
Gassera
Schwarzsee
(Lac Noir)
Tierliberg
Pürrena
Brüggera
Gypsera
La Spielmannda
La Patta
La Joretta
Guglervorsass
Schwarzsee-Bad
Mittl. Stalden
Schwarzsee
Lac Noir
Rosset
Bürglenberg
Thossis Rain
Seeweid

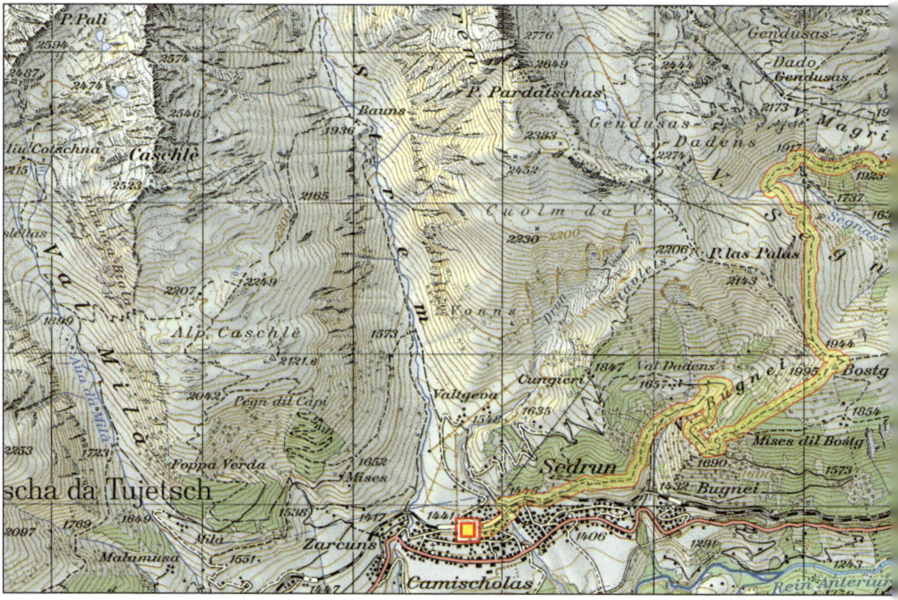

34 – **Von Sedrun via Bostg nach Caischavedra** – *Text auf Seite 61*
Start: Bahnhof Sedrun / Ziel: Bergstation Caischavedra / Verlängerung: Caischavedra – Disentis

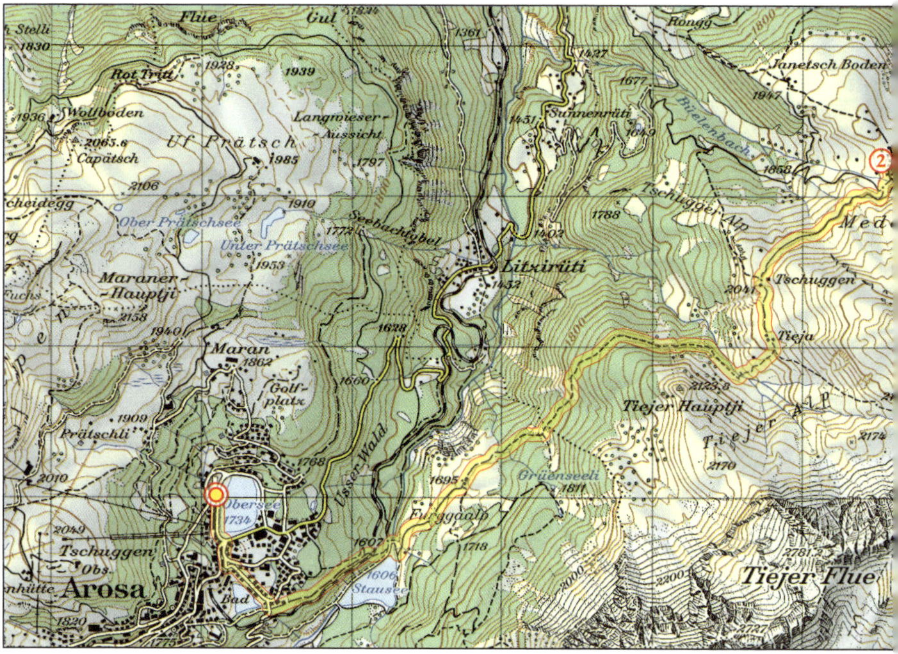

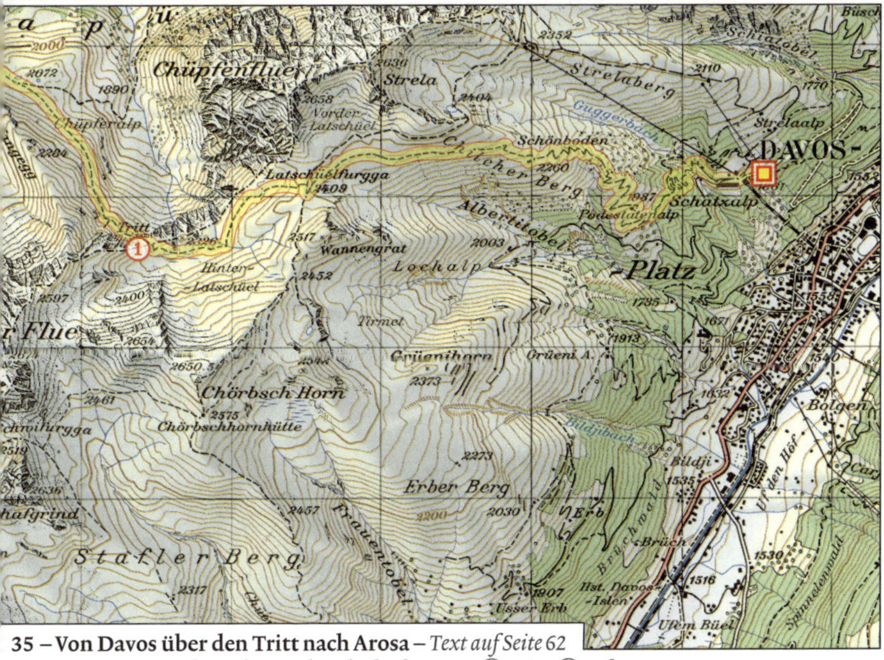

35 – Von Davos über den Tritt nach Arosa – *Text auf Seite 62*
Start: Davos Schatzalp / Ziel: Bahnhof Arosa / ① Tritt ② «Alpenrose»

36 – Von Montreux über den Col de Jaman nach Montbovon – *Text auf Seite 63*
Start: Bahnhof Montreux / Ziel: Bahnhof Montbovon
① «Le Manoïre» ② Bahnstation Les Cases ③ Bahnstation Allières

Folliu Borna
La Chia
Chenau
H. des Sciernes
Comba d'Avau
La Mita
Hongrin
d'Amont
Le Creux
Montbovon
Vers les Jordan
Sonlomont
Orgevalette
anil des Artses
La Chéla
Vers les Pichon
Motélon
Orgevaux
Crosse
Chia
Petite
Booéresse
Le Brélindjet
L'Aberdze
Allières
L'Ange
Combe d'Allières
Les Mosses
La Sauta
H. de la Tine
Les Villards
La Case
Aveneyre
Corjon
Les Clous
Les Cases
Devant
Chenaussanne
Jaman
Pierra
Derrey
Le Chevalet
Les Châtelards
Dent de Corjon
Dessous
Crau
Dessus
Benaudon d'en Bas
Dent de Hautaudon
Preise au Maidzo
Col des Gaules
Planachaux
Le Talso
La Savolaire
Col de Bonaudon
Grottes de Naye
Naye d'en Bas
La Chanette
Le Linderrey
La Bochette
Lavanchy
de Naye
Longevaux
Plan d'Areine
La Perrette
Chaude
Lac de l'Hongrin
Les Débats
Ratevex
Col de Chaude
Joux Derrière
Pointe d'Aveneyre

37 – Von Mels auf den Alvier und hinab nach Oberschan – *Text auf Seite 64*
Start: Bahnhof Mels / Ziel: Bergstation Seilbahn Kurhaus Alvier
① «Palfries» ② Gipfelwirtschaft ③ Restaurant mit Aussichtsterrasse

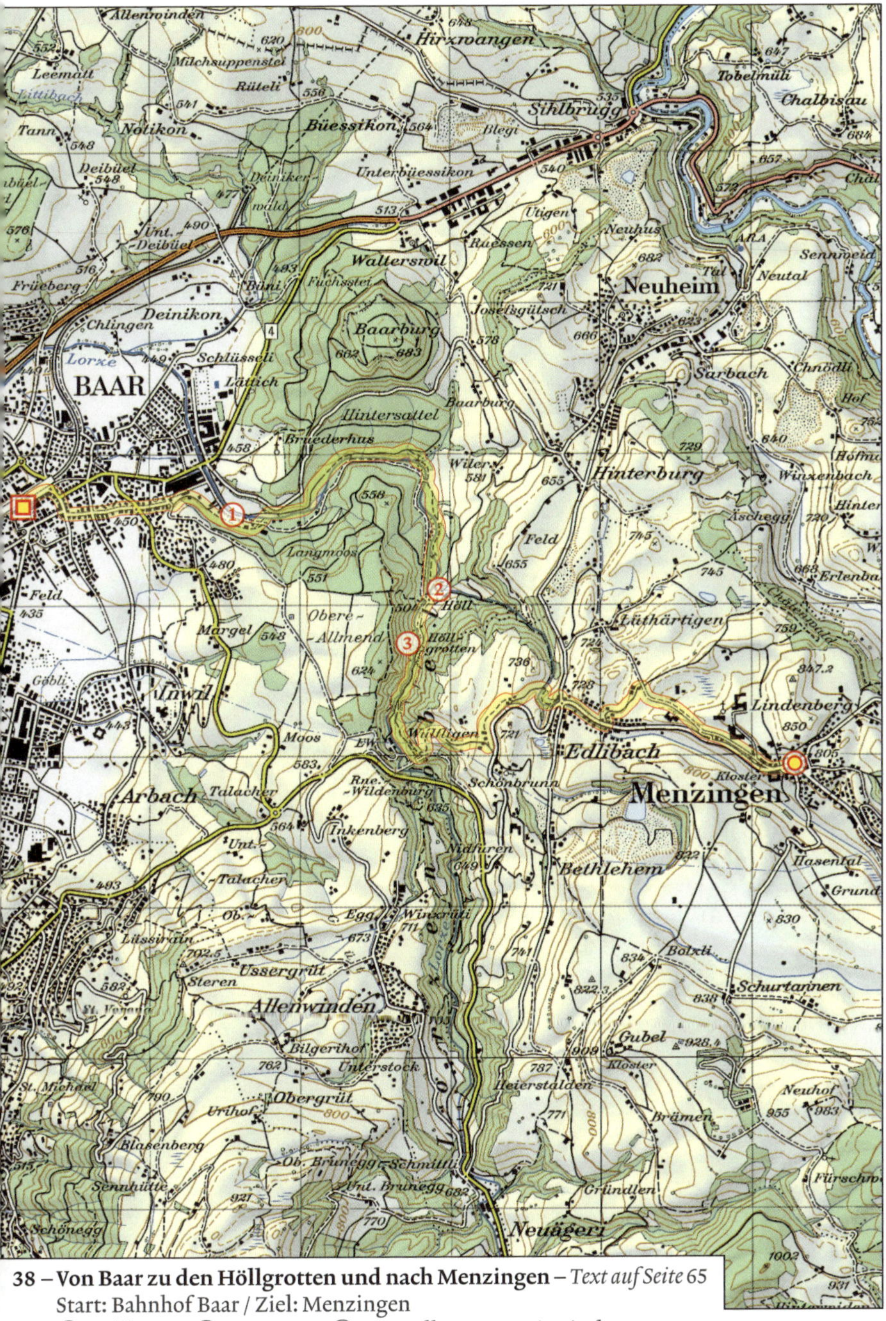

38 – Von Baar zu den Höllgrotten und nach Menzingen – *Text auf Seite 65*
Start: Bahnhof Baar / Ziel: Menzingen
① Höllhäuser ② Restaurant ③ Die Höllgrotten, mit Kiosk

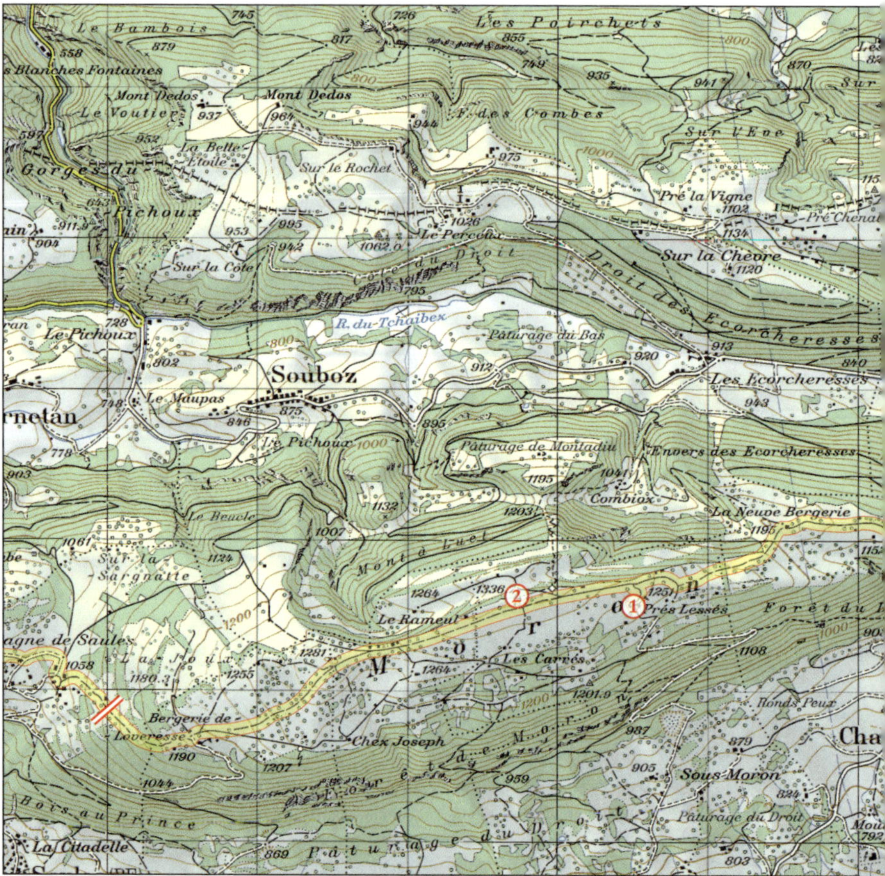
Le Bambois
Les Poirchets
Blanches Fontaines
Mont Dedos
Le Voutier
F. des Combes
Sur l'Eve
La Belle Etoile
Sur le Rochet
Gorges du Pichoux
Pré la Vigne
Le Perceux
Sur la Chèvre
Sur la Côte
Droit des Ecorcheresses
R. du Tchaibez
Le Pichoux
Pâturage du Bas
Souboz
Les Ecorcheresses
Le Maupas
Pâturage de Montadiu
Envers des Ecorcheresses
Combiox
La Neuve Bergerie
Le Beucle
Sur la Sargnatte
Le Rameau
Prés Lessés
Moron
Les Carrés
Bergerie de Loveresse
Chez Joseph
Ronds Peux
Sous Moron
Pâturage du Droit
Bois au Prince
La Citadelle
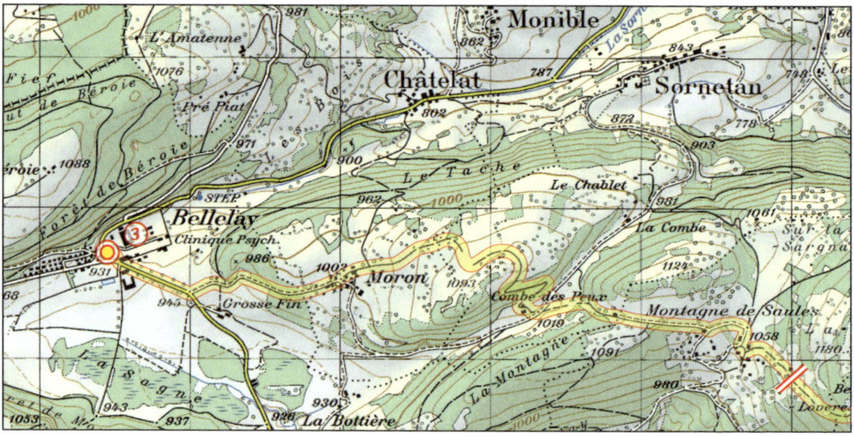
Monible
Châtelat
Sornetan
L'Amatenne
Pré Piat
Forêt de Béroie
Le Tache
Le Chablet
La Combe
STEP
Bellelay
Clinique Psych.
Moron
Combe des Peux
Montagne de Saules
Grosse Fin
La Montagne
La Bottière

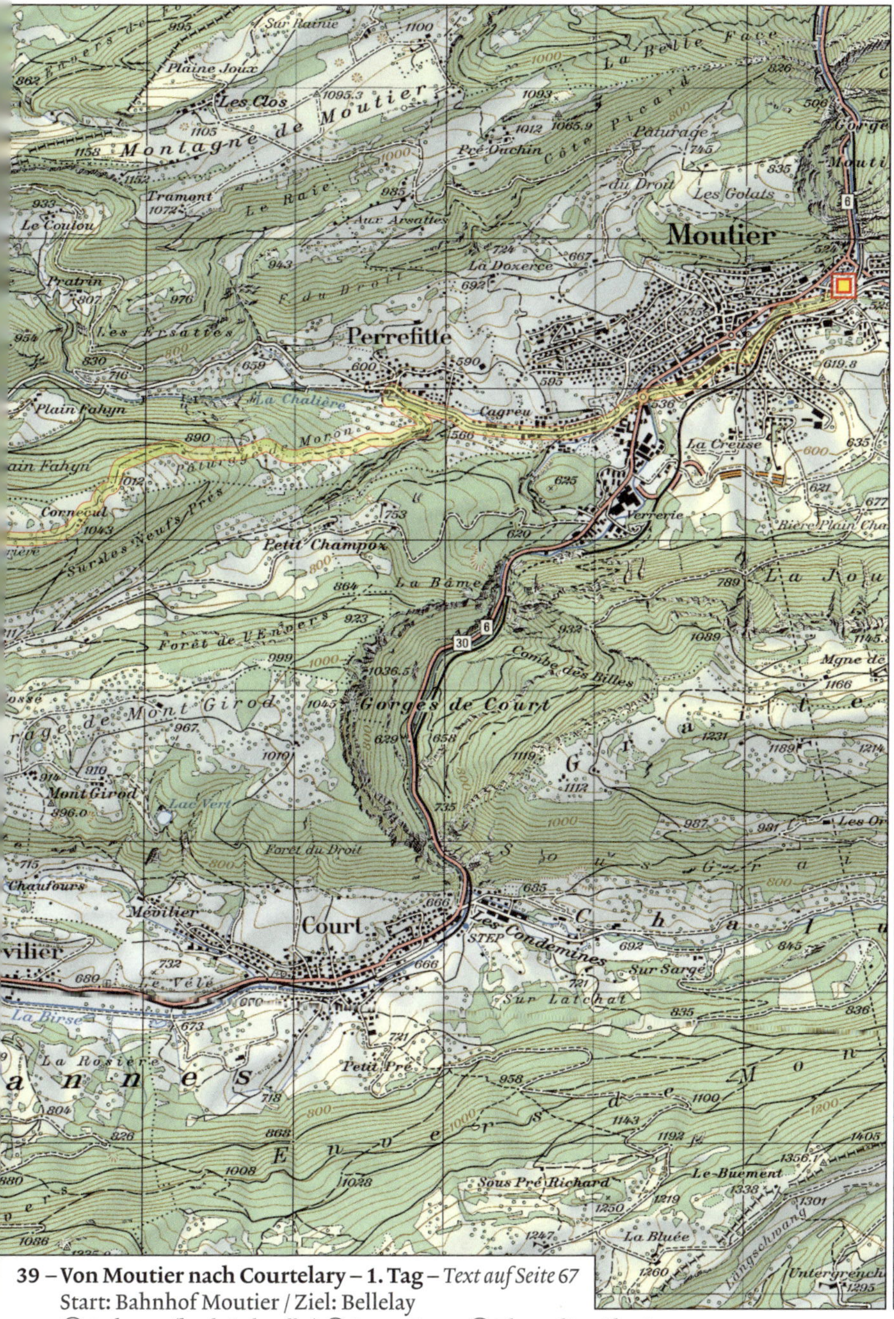

39 – **Von Moutier nach Courtelary – 1. Tag** – *Text auf Seite 67*
Start: Bahnhof Moutier / Ziel: Bellelay
(1) Auberge *(beschränkt offen)* (2) Botta-Turm (3) Ehemalige Abtei

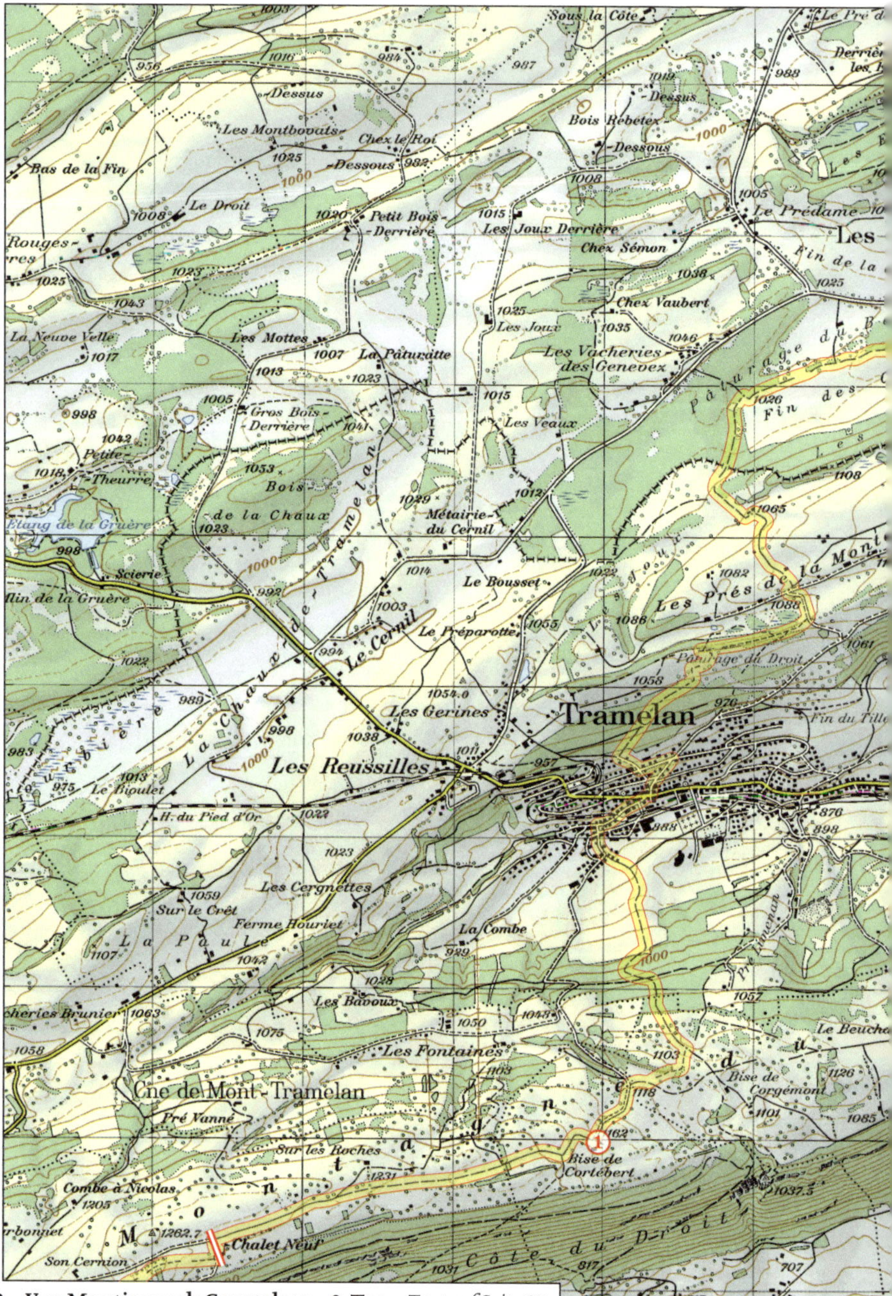

39 – Von Moutier nach Courtelary – 2. Tag – *Text auf Seite 67*
Start: Bellelay / Ziel: Bahnhof Courtelary / ① «La Bise de Cortébert» ② Restaurant

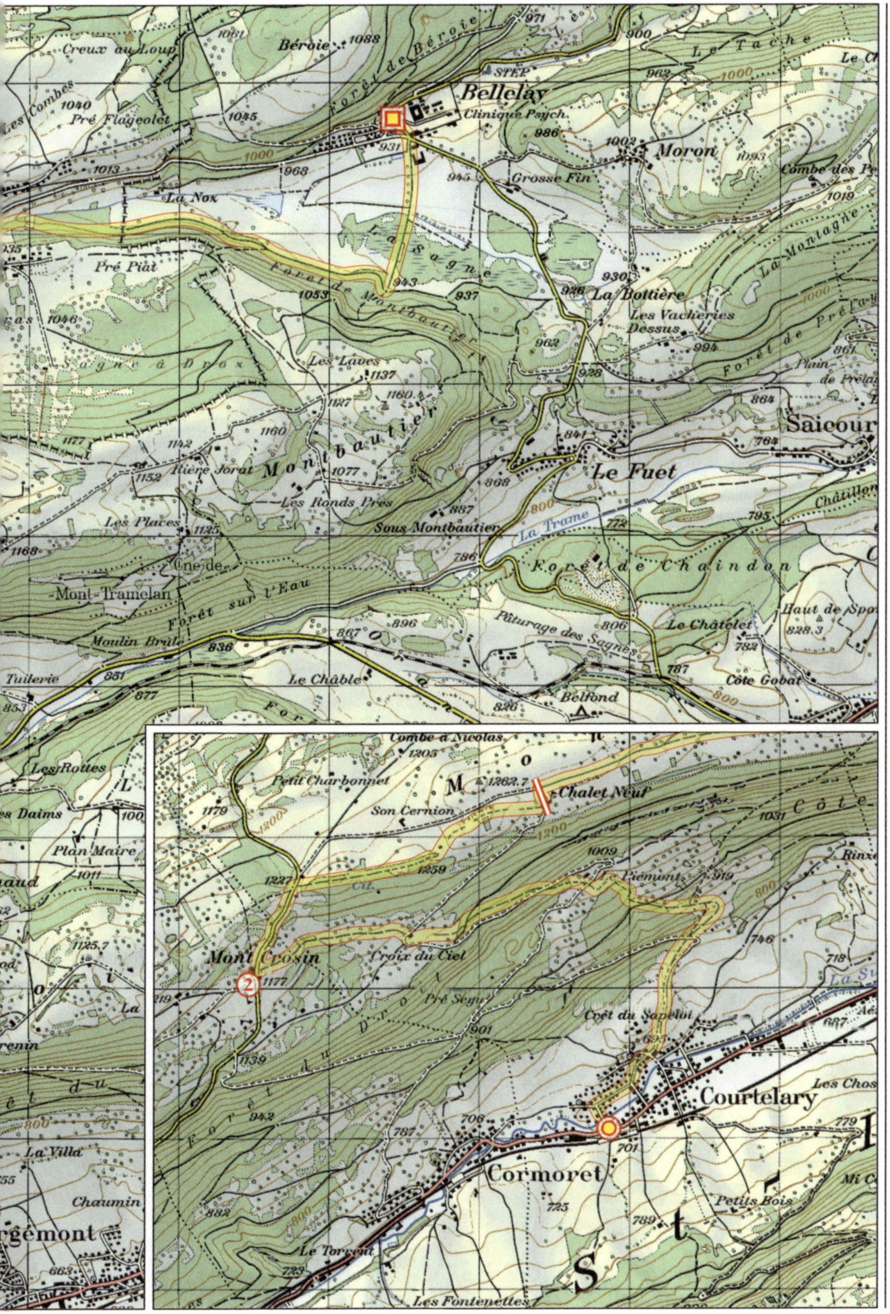
Creux au Loup
Béroie
Forêt de Béroie
Les Combes
Pré Flageolet
Bellelay
Clinique Psych.
STEP
Le Tache
Moron
Grosse Fin
La Nox
Pré Piat
La Sagne
Forêt de Montbautier
La Bottière
Les Vacheries Dessus
La Montagne
Forêt de Prélay
Sagne à Droz
Les Laves
Montbautier
Rière Jorat
Les Ronds Prés
Saicourt
Le Fuet
Sous Montbautier
La Trame
Les Places
Forêt de Chaindon
Mont-Tramelan
Forêt sur l'Eau
Moulin Brûlé
Pâturage des Sagnes
Le Châtelet
Le Châble
Côte Gobat
Belfond
Tuilerie
Les Rottes
Plan Maire
Combe à Nicolas
Petit Charbonnet
Chalet Neuf
Son Cernion
Mont Crosin
Croix du Ciel
Piémont
Crêt du Sapelot
Courtelary
Cormoret
Petits Bois
Le Torrent
Les Fontenettes
La Villa

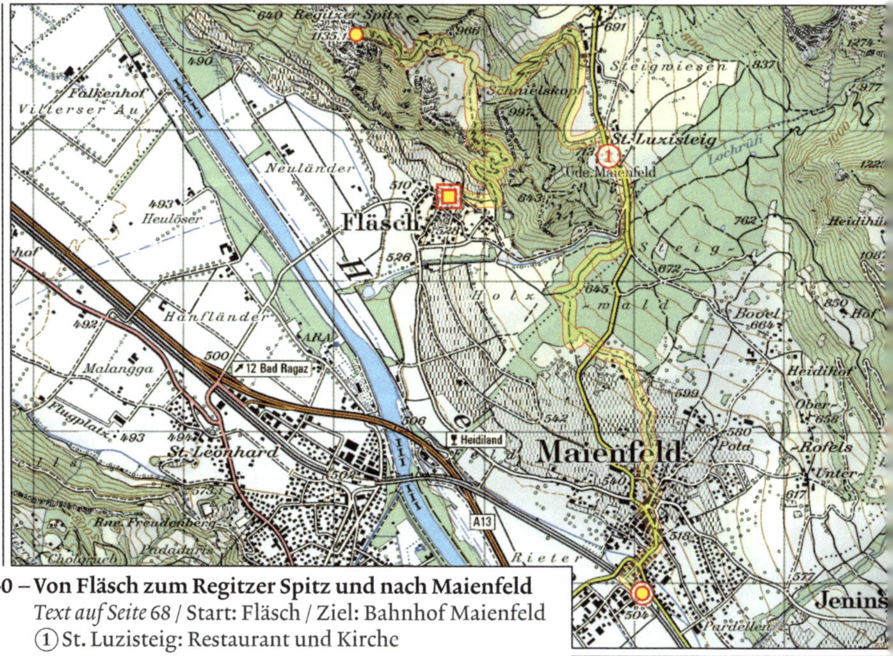

40 – Von Fläsch zum Regitzer Spitz und nach Maienfeld
Text auf Seite 68 / Start: Fläsch / Ziel: Bahnhof Maienfeld
① St. Luzisteig: Restaurant und Kirche

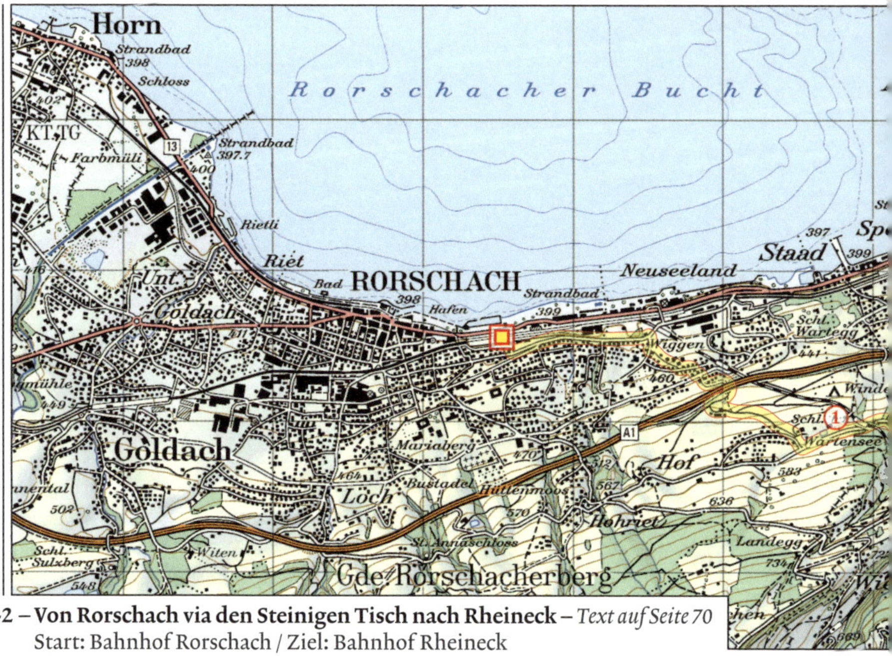

42 – Von Rorschach via den Steinigen Tisch nach Rheineck – *Text auf Seite 70*
Start: Bahnhof Rorschach / Ziel: Bahnhof Rheineck
① Schloss Wartensee ② Schloss Greifenstein ③ «Steinige Tisch»

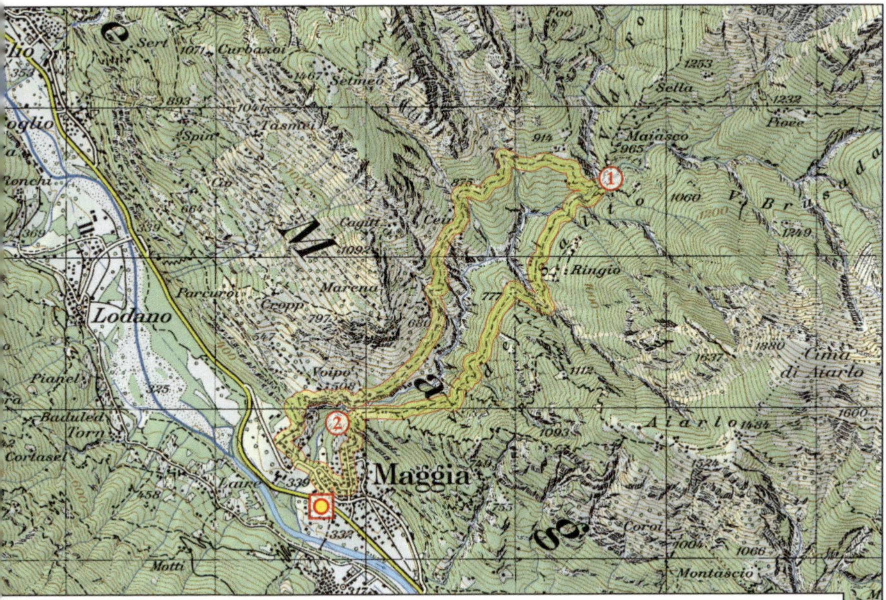

41 – Von Maggia ins Valle del Salto und retour – *Text auf Seite 69*
Start und Ziel: Maggia / ① Brücke über den Fluss, schöne Tümpel ② Pioda-Kapelle

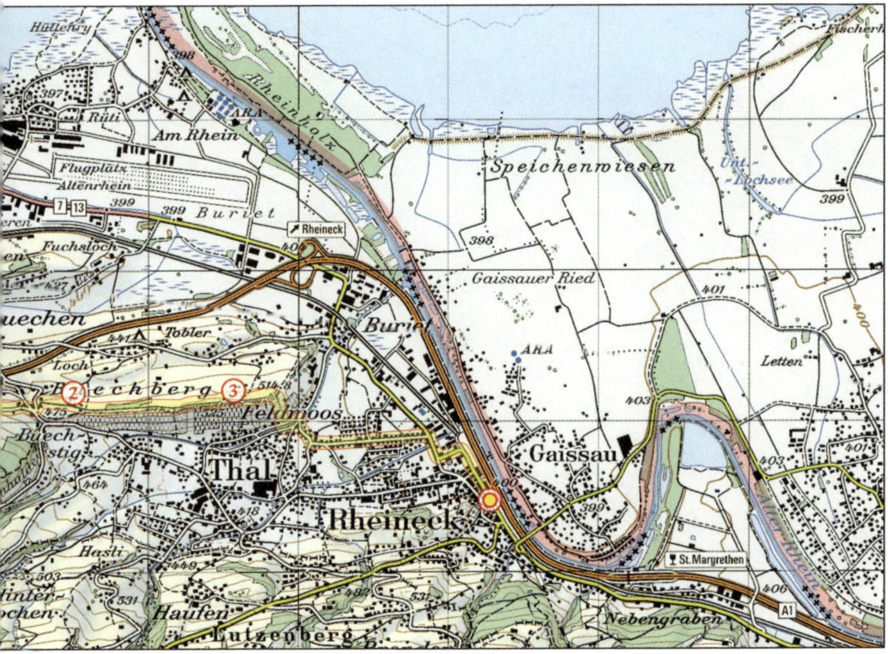

43 – Von Innereriz nach Habkern – *Text auf Seite 72*
Start: Innereriz Säge / Ziel: Habkern / Verlängerung: Habkern – Kemmeribodenbad

Kemmeribodenbad
Chüblisbüel
Baumgarten
Chemmeribodeflue
Hübeli
Hinter
Luterschwändi
Grossenstein
Brünneligrind
Furgge
Harzisboden
Furggengütsch
Hohgant
Schärpfeberg
Steiniwald
Buechhütte
Bründlisflue
Allgäuli
Allgäu
Steini
Äbenegg
Wääli
Schwand
Hind.
Nolle
Heitbüel
Spycher
Möser
Vord.
Teufengrabe
Bruchlägerli
Gummhorn
Färrich
Laublägerli
Hinterringg
Bol
Lombachalp
Uss. Läger
Blasenhubel
Winterröscht
Winterröschthütte
Feldmoos
Ringghuppi
Läger
Roteschwand
Augstmatthorn
Chalbermeidli
Mad
Biel
Schwendi
Suggiture
Bodmi
Haberenwald
Ufem-Moos
Neuhüttli
Fedwald

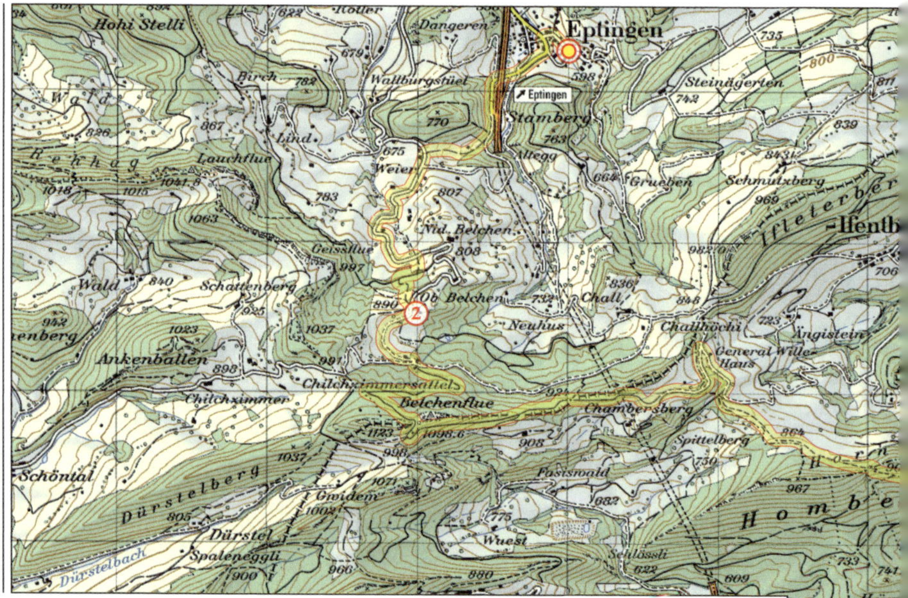

44 – Von Olten auf den Belchen und nach Eptingen – *Text auf Seite 73*
Start: Bahnhof Olten / Ziel: Eptingen / ① «Rumpel» ② Berghaus Oberbölchen

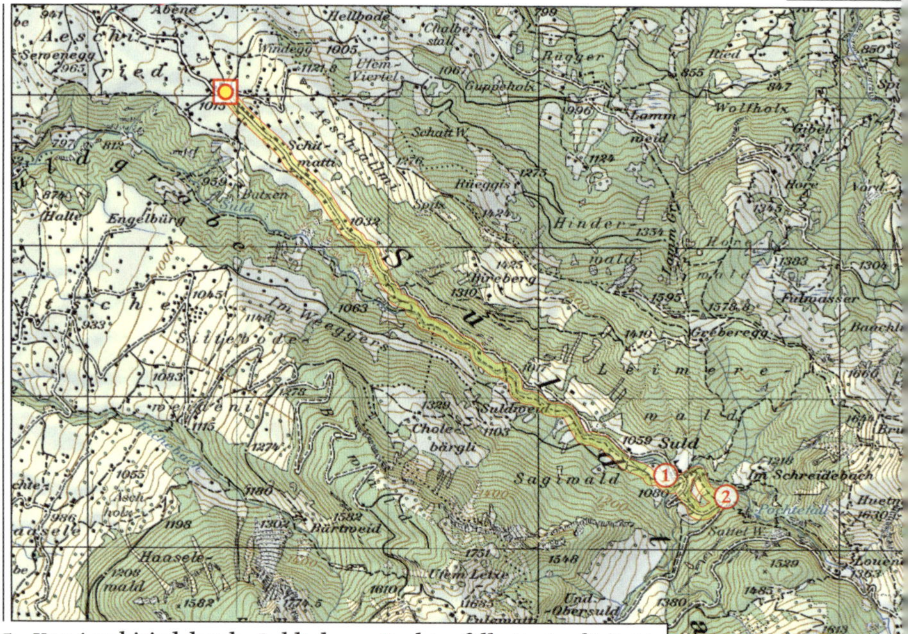

45 – Von Aeschiried durchs Suldtal zum Pochtenfall – *Text auf Seite 74*
Start/Ziel: Aeschiried Schulhaus / ① «Pochtenfall» ② Aussichtspunkt mit Blick auf Pochtenfa

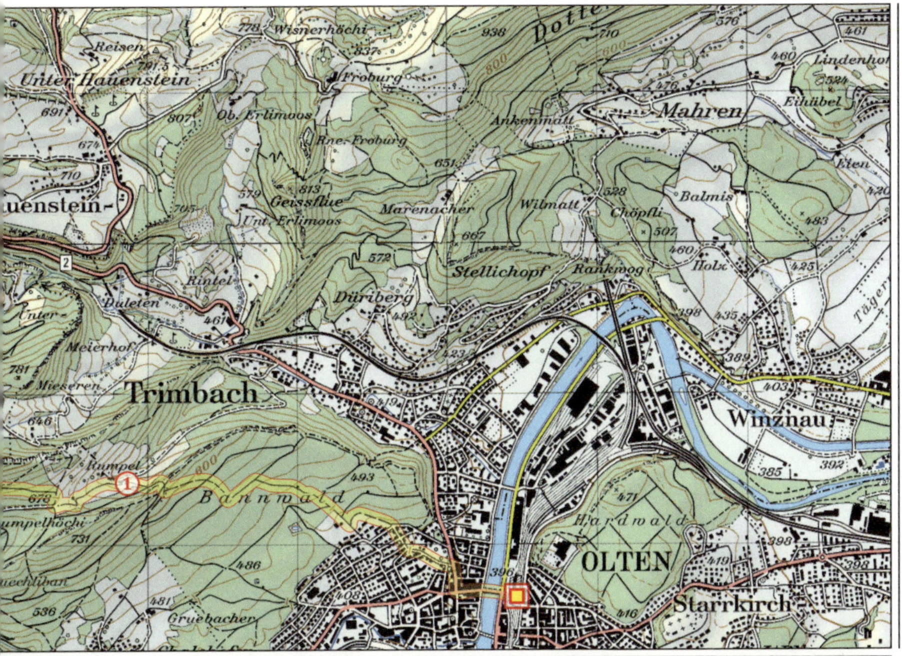

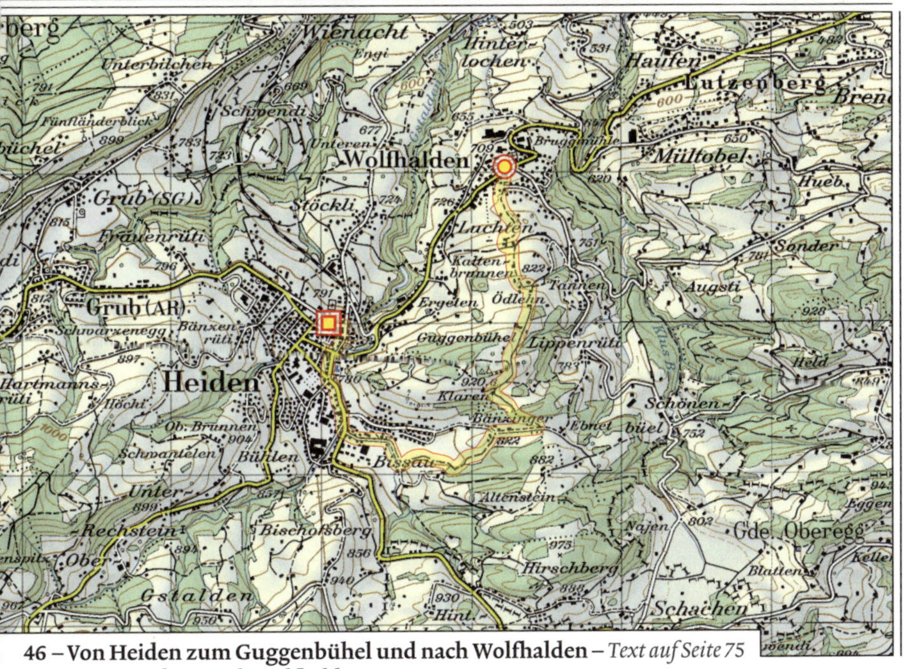

46 – Von Heiden zum Guggenbühel und nach Wolfhalden – *Text auf Seite 75*
Start: Heiden / Ziel: Wolfhalden

47 – Von Willisau nach Sursee – *Text auf Seite 76*
Start: Bahnhof Willisau / Ziel: Sursee Altstadt / ① Altstadt mit Pranger am Rathaus

Surseerwald
Sursee
Zellfeld
A2
Hitzlige
Mauesee
Schloss
Bognau
Chotte
auensee
Mariazell
Sursee
Seehäusern
Berghof
Unt. Leidenberg
Grüt
Leidenberg
Dögelzwil
Brand
Oberkirch
Liebergott
Länggass
Oberfeld
Höhe
Renzligen
St. Margr
Oberdorf
Sigerswil
Iflikon
Schloss
Büel
Grosshus
Klausenmatt
Spanere
Tannefels
Eiholz
Oberrot
Bluemeberg
Stöcke
Gattwil
Rot
Gustibergwald
Zinxerswil
Lüternau
Notteler berg
Meieberg
Buttisholz
Allmend
Wacht
Mittelarig
Schweikhüseren
Unterarig
ARA
Neubau
Gluggere
Hetzlige
Neuhus
Rot

48 – Von Hausen am Albis nach Rumentikon – *Text auf Seite 78*
Start: Hausen / Ziel: Rumentikon
① Zwinglistein ② Klosterkirche Kappel ③ Kloster Frauenthal

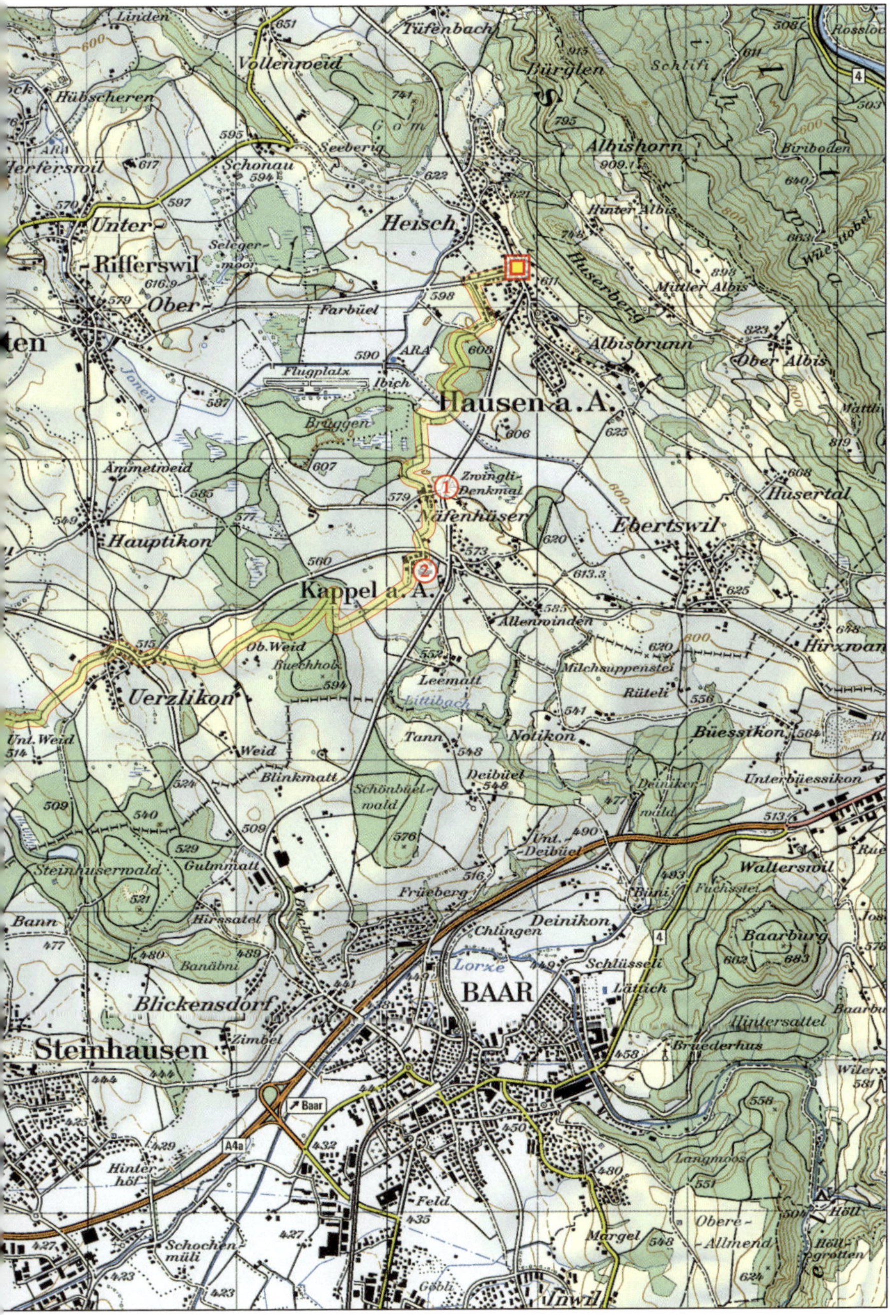
Linden
Tüfenbach
Vollenweid
Bürglen
Schlifi
Hübscheren
Rossloch
Seeberig
Albishorn
909.1
Biriboden
Schonau
Unter-
Rifferswil
Heisch
Hinter Albis
Wüesttobel
Seleger-moor
Ober-
Huserberg
Mittler Albis
Farbüel
Albisbrunn
Ober Albis
Flugplatz
Ibich
Jonen
Hausen a. A.
Brüggen
Ammetweid
Zwingli-Denkmal
Näfenhüser
Husertal
Hauptikon
Ebertswil
Kappel a. A.
Allenwinden
Hirzwan
Ob. Weid
Buechhol
Milchsuppenstei
Uerzlikon
Leematt
Rüteli
Littibach
Notikon
Büessikon
Unt. Weid
Weid
Tann
Blinkmatt
Deibüel
Unterbüessikon
Schönbüel-wald
Deiniker-wald
Unt.-Deibüel
Steinhuserwald
Gulmmatt
Waltersvil
Früeberg
Büni
Fuchsstei
Bann
Hirssatel
Chlingen
Deinikon
Baarburg
Banäbni
Bachtalen
Lorze
Schlüsseli
BAAR
Lättich
Blickensdorf
Hintersattel
Steinhausen
Zimbel
Bruederhus
Wiler
Baar
A4a
Langmoos
Hinter-höf
Feld
Obere-Allmend
Höll
Höll-grotten
Margel
Schochen-müli
Göbli
Inwil

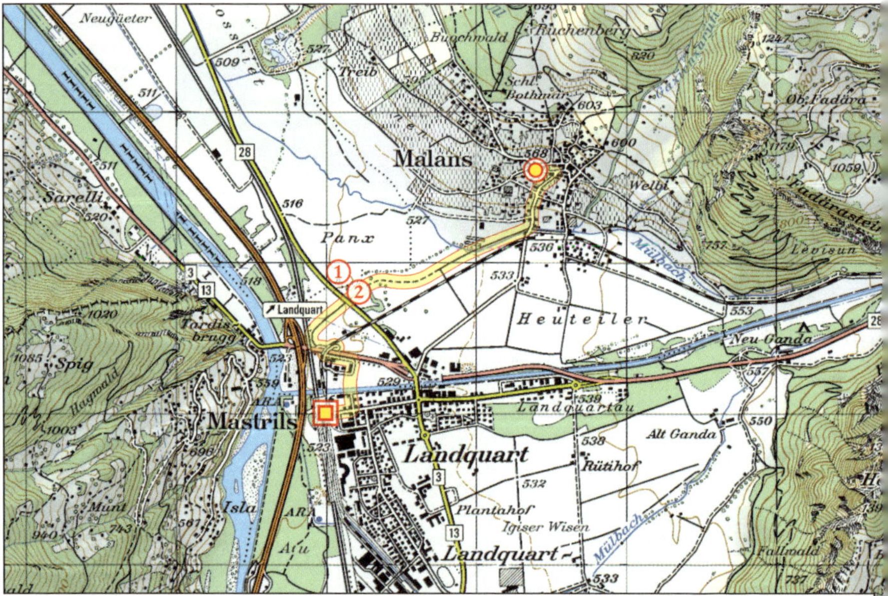

49 – Von Landquart zur Rohanschanze und nach Malans – *Text auf Seite 79*
Start: Bahnhof Landquart / Ziel: Malans / ① Rohan-Gedenkstein ② Gelände der Schanze

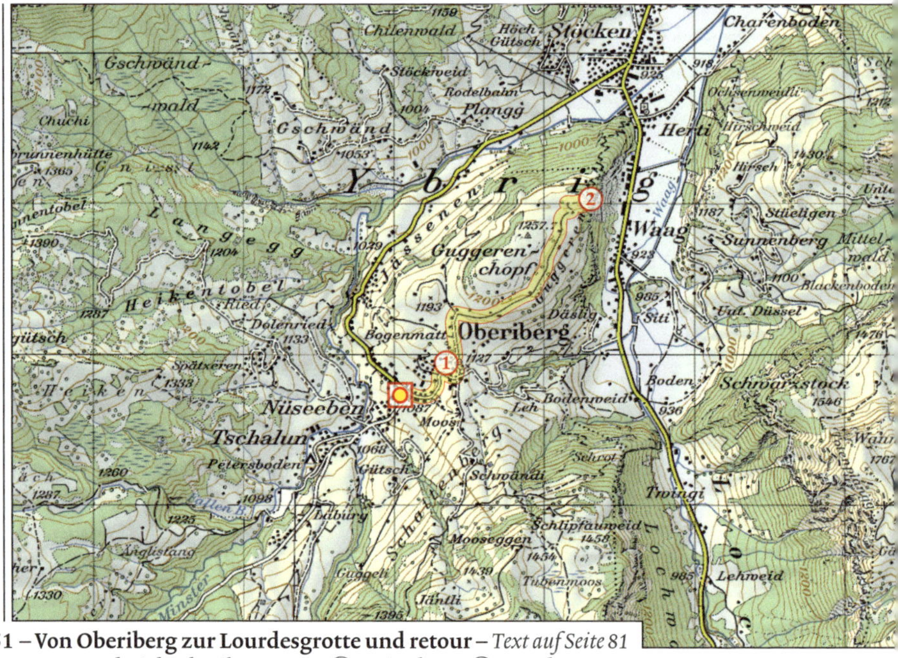

51 – Von Oberiberg zur Lourdesgrotte und retour – *Text auf Seite 81*
Start und Ziel: Oberiberg Post / ① «Hirschen» ② Lourdesgrotte

50 – Von Döttingen aus um den Klingnauer Stausee – *Text auf Seite 80*
Start und Ziel: Bahnhof Döttingen / ① «Oase»

52 – Von Schmerikon dem Linthkanal entlang nach Ziegelbrücke – *Text auf Seite 82*
Start: Bahnhof Schmerikon / Ziel: Bahnhof Ziegelbrücke
① Grynau: Schloss und Restaurant ② «Sternen»

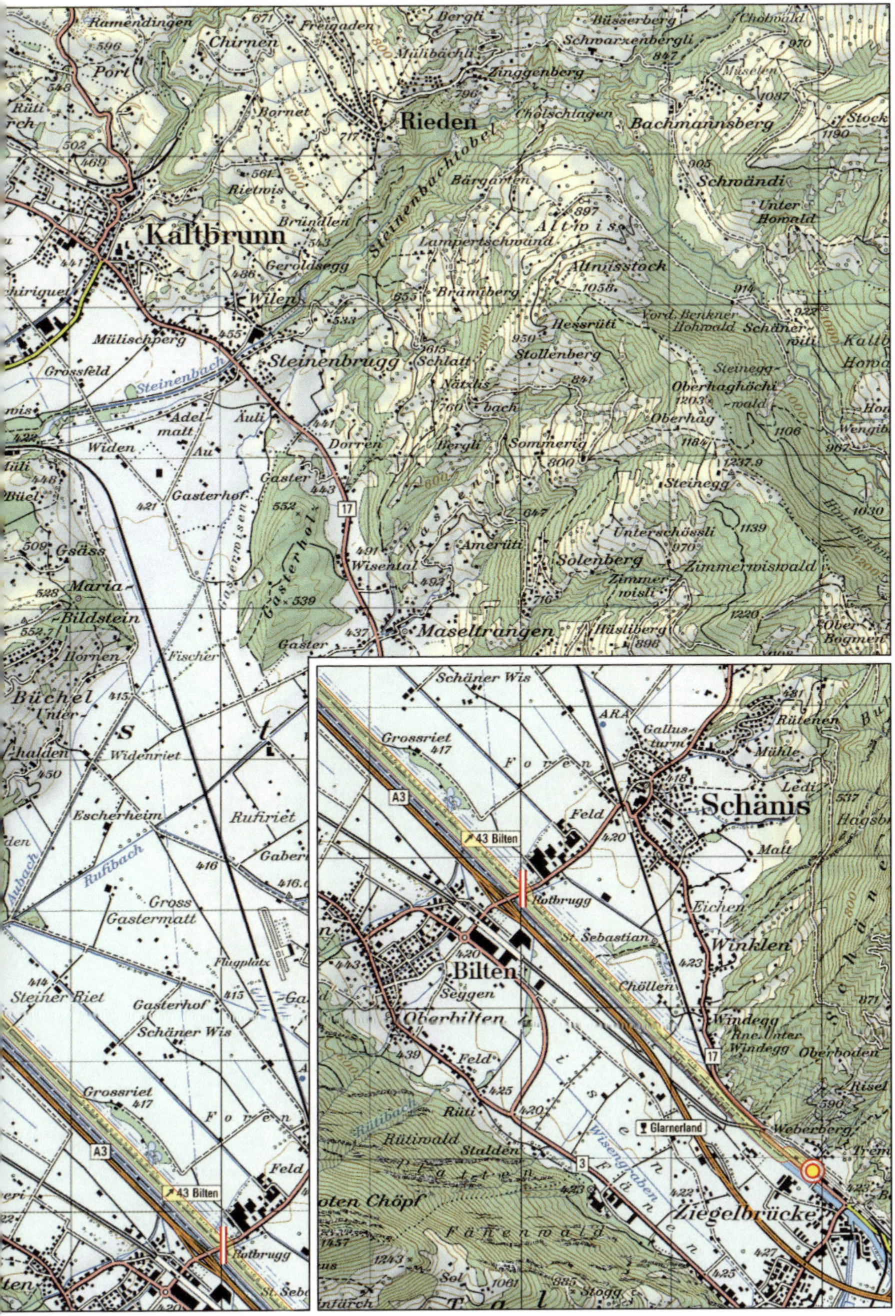

Ramendingen
Chirnen
Freigaden
Port
Bergli
Büsserberg
Schwarzenbergli
Mülibächli
Zinggenberg
Rieden
Bornet
Chölschlagen
Bachmannsberg
Steinenbachtobel
Bärgarten
Schwändi
Rietwis
Bründlen
Kaltbrunn
Lampertschwand
Altwisstock
Geroldsegg
Wilen
Brämberg
Hessrüti
Mülischperg
Steinenbrugg
Schlatt
Stollenberg
Grossfeld
Steinenbach
Nätlis
Oberhaghöchi
Adelmatt
Äuli
Oberhag
Widen
Au
Dorren
Bergli
Sommerig
Gaster
Gasterhof
Steinegg
Gasterholz
Ameriüti
Unterschössli
Wisental
Solenberg
Zimmerwiswald
Gsäss
Maria-Bildstein
Maseltrangen
Hüsliberg
Hornen
Fischer
Büchel
Widenriet
Escherheim
Rufiriet
Rufibach
Aubach
Gross Gastermatt
Flugplatz
Steiner Riet
Gasterhof
Schäner Wis
Grossriet
A3
43 Bilten
Rotbrugg
Feld
Schäner Wis
ARA
Gallusturm
Rütenen
Mühle
Schänis
Ledi
Hagsbr
Malt
Eichen
St. Sebastian
Winklen
Bilten
Seggen
Chöllen
Oberbilten
Windegg
Feld
17
Rüti
Rütibach
Rütiwald
Stalden
Glarnerland
Weberberg
3
Wisengraben
Chöpf
Ziegelbrücke
Stogg

Geografisches Register

Die Zahl bezieht sich auf die jeweilige Routennummer

Zum Autor: Thomas Widmer, Jahrgang 1962. Exil-Appenzeller in Zürich, Wanderer aus Familientradition (alte Pöstlersippe), Arabist und Islamwissenschaftler. Nach dem Uniabschluss Redaktor bei der BERNER ZEITUNG, bei FACTS, schliesslich bei der WELTWOCHE. Dazwischen Einsatz als Kriegsgefangenen-Dolmetscher fürs IKRK. Textautor des Bild-Reportage-Bandes «Meisterschreiber» über zeitgenössische arabische Kalligrafie (Benteli, 1998). Seit zweieinhalb Jahren Wanderkolumnist für die WELTWOCHE («Zu Fuss»).
Lieblingskanton: Glarus.
Lieblingsroute: Panixerpass.
Lieblingsbeiz über 1000 Meter: «Hundwilerhöhe» (Hundwil).

Fotografie: Raffael Waldner
Vorderer Teil: Talkessel hinter Adelboden
Gefrorener Oeschinensee mit Blüemlisalp
Unterhalb des Panixerpasses, Elmer Seite
Zwischen Ebenalp und Schäfler, Alpstein
Kulminationspunkt des Panixerpasses zwischen Elm und Panix
Alvier-Kette, von Süden her gesehen
Kemptner Tobel, Zürcher Oberland
Oberhalb Rodersdorf im Leimental
Eigergletscher
Hinterer Teil: Oberdiessbach, im Wald
Gotthard, Passhöhe
Wasserfall im Kemptner Tobel
Gestaute Muota am Eingang zum Muotatal
Säntismassiv, gesehen von unterhalb der Schwägalp
Glacier des Diablerets mit Quille du Diable im Hintergrund
Zwölfihorn über dem Sernftal bei Elm
Felsengalerie nah Pilatus Kulm

1. Auflage April 2007

ISBN 978-3-905800-02-9

Korrektorat: Edgar Haberthür
Gestaltung: Müller+Hess, Basel
Schrift: «Lexicon», © 1992 by The Enschedé Font Foundry
Lithografie: Sturm AG, Muttenz
Druck: Ebner & Spiegel, Ulm
Papier: Munken Linx

www.echtzeit.ch